# 마인드맵으로 정리하는
# 한국사 독해

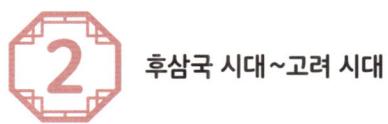

**②** 후삼국 시대~고려 시대

kids' SCHOLE

# 구성과 특징

## 역사 연표를 통해 한국사 흐름을 이해합니다.

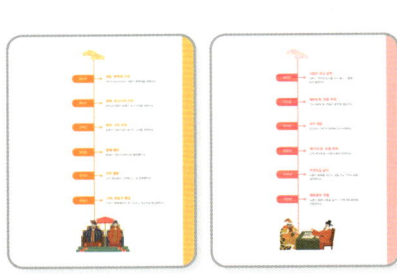

### 역사 연표
역사 연표를 보고 배울 내용을 먼저 확인합니다.

## 한국사 이야기를 읽고, 문제를 풀며 한국사를 이해합니다.

### 꼼꼼하게 읽기
중요하다고 생각되는 문장과 단어에
표시를 하면서 이야기를 꼼꼼하게 읽습니다.

### 읽은 날
날짜를 쓰면서 스스로
학습 계획을 점검합니다.

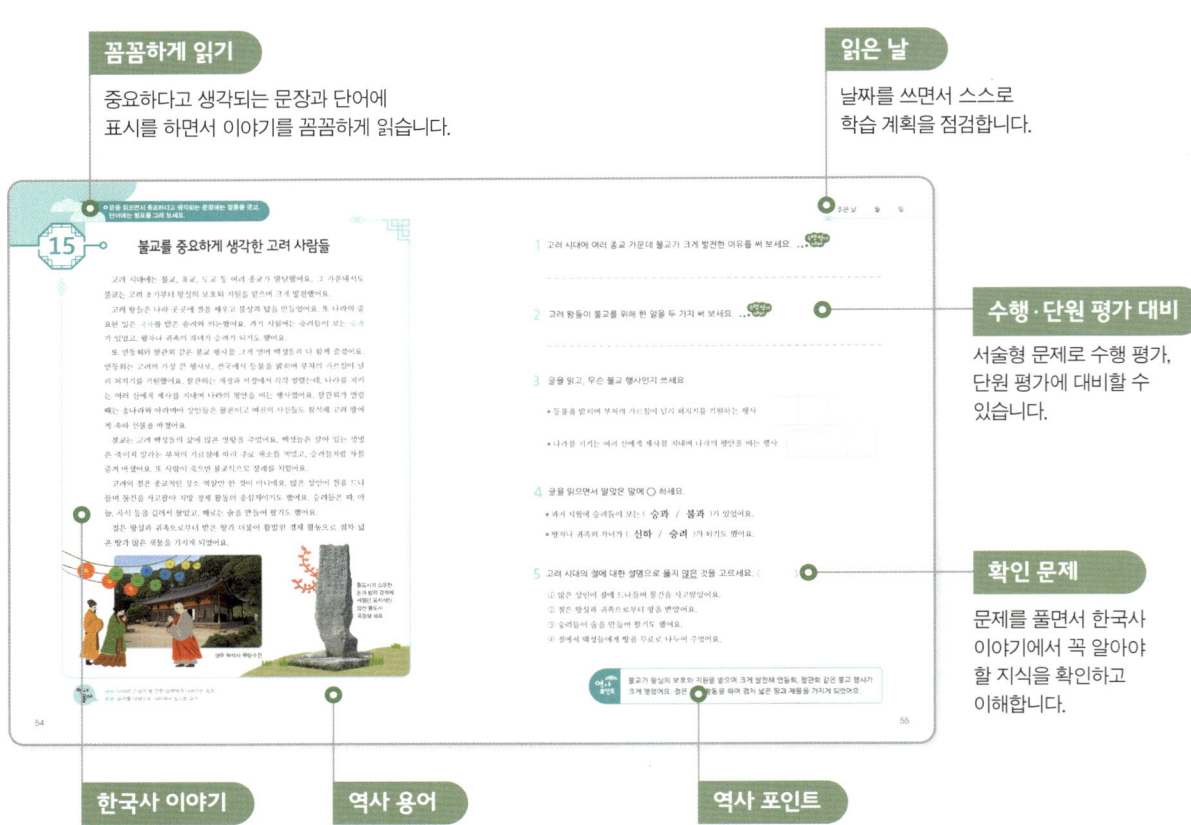

### 수행·단원 평가 대비
서술형 문제로 수행 평가,
단원 평가에 대비할 수
있습니다.

### 확인 문제
문제를 풀면서 한국사
이야기에서 꼭 알아야
할 지식을 확인하고
이해합니다.

### 한국사 이야기
교과서를 중심으로
선정한 다양한 주제의
한국사 이야기를
읽으며 지식을 쌓습니다.

### 역사 용어
낯설고 어려운 역사 용어를
쉽게 풀이해 내용을
잘 이해하도록 돕습니다.

### 역사 포인트
한국사 이야기에서 가장
핵심이 되는 내용을 다시 한번
읽으며 정리합니다.

**유물과 유적을 보며 한국사에 대한 배경지식을 쌓습니다.**

### 역사가 보이는 유물 유적

유물과 유적을 생생한 사진과 함께 보면서
한국사에 대한 배경지식을 쌓습니다.

 **재미있는 퀴즈로 한국사에 흥미를 갖습니다.**

### 역사 퀴즈

글자 퍼즐, 사다리 타기, 초성 퀴즈 등 다양하고
재미있는 퀴즈를 풀면서 한국사에 흥미를 갖습니다.

 **마인드맵으로 한국사를 통합적으로 이해합니다.**

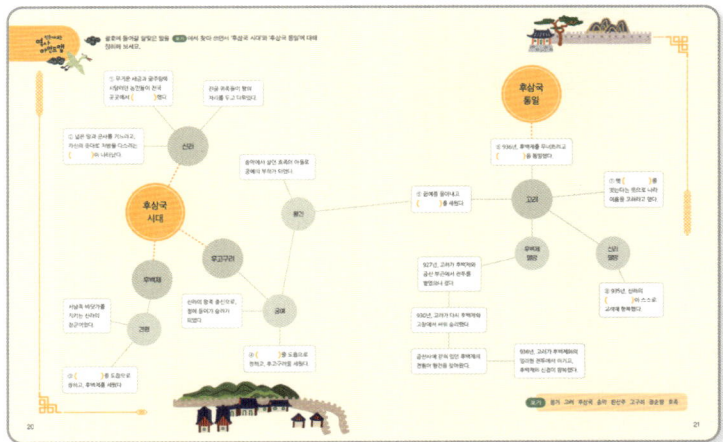

### 역사 마인드맵

마인드맵으로 내용을 정리하면서 중요 사건과 인물을 다시 한번
확인하고 통합적으로 이해합니다.

## 후삼국 시대와 고려의 후삼국 통일

후삼국 시대  ① 고통 받는 백성들과 점차 무너져 가는 신라 ┈┈┈┈ 8
② 후백제를 세운 신라의 장군, 견훤 ┈┈┈┈ 10
③ 후고구려를 세운 신라의 왕족, 궁예 ┈┈┈┈ 12
고려 시대  ④ 왕건, 고려를 세우다 ┈┈┈┈ 14
⑤ 드디어 통일 국가를 이룬 고려 ┈┈┈┈ 16

• 역사가 보이는 유물 유적 고려의 도읍지 개경 ┈┈┈┈ 18
• 역사 퀴즈 ┈┈┈┈ 19
• 한눈에 보는 역사 마인드맵 ┈┈┈┈ 20

## 새 나라의 기틀을 다진 고려

⑥ 태조 왕건은 왜 29번이나 결혼을 했을까? ┈┈┈┈ 24
⑦ 훈요십조에는 어떤 내용이 담겨 있을까? ┈┈┈┈ 26
⑧ 고려는 관리를 어떻게 뽑았을까? ┈┈┈┈ 28
⑨ 나라의 제도를 만들어 왕권 강화를 꾀한 성종 ┈┈┈┈ 30

• 역사가 보이는 유물 유적 거대한 크기의 고려 불상 ┈┈┈┈ 32
• 역사 퀴즈 ┈┈┈┈ 33
• 한눈에 보는 역사 마인드맵 ┈┈┈┈ 34

## 고려와 이웃 나라

⑩ 고려는 주변 나라들과 어떤 관계를 맺었을까? ┈┈┈┈ 38
⑪ 외국 상인들도 찾았던 벽란도 ┈┈┈┈ 40
⑫ 우리나라 최초의 화폐를 만든 고려 ┈┈┈┈ 42
⑬ 칼보다 강한 말! 서희의 외교 담판 ┈┈┈┈ 44
⑭ 강감찬의 귀주 대첩 ┈┈┈┈ 46

• 역사가 보이는 유물 유적 독창적인 고려청자 ┈┈┈┈ 48
• 역사 퀴즈 ┈┈┈┈ 49
• 한눈에 보는 역사 마인드맵 ┈┈┈┈ 50

## 흔들리는 고려 사회

15 불교를 중요하게 생각한 고려 사람들 ·········· 54
16 불교계를 통합하려 노력한 대각 국사 의천 ·········· 56
17 윤관이 별무반을 만든 까닭은 무엇일까? ·········· 58
18 고려의 지배 세력 문벌 귀족 ·········· 60
19 문벌 귀족, 이자겸의 난 ·········· 62
20 서경으로 고려의 도읍을 옮기자! ·········· 64
• 역사가 보이는 유물 유적 역사책 『삼국사기』와 『삼국유사』 ·········· 66
• 역사 퀴즈 ·········· 67
• 한눈에 보는 역사 마인드맵 ·········· 68

## 무신 정변과 몽골의 침략

21 무신들의 세상이 오다 ·········· 72
22 백성들도 난을 일으키다 ·········· 74
23 고려를 짓밟은 몽골 ·········· 76
24 고려는 왜 강화도로 도읍을 옮겼을까? ·········· 78
25 몽골에 맞서 끝까지 싸운 삼별초 ·········· 80
• 역사가 보이는 유물 유적 간절한 바람을 담은 팔만대장경 ·········· 82
• 역사 퀴즈 ·········· 83
• 한눈에 보는 역사 마인드맵 ·········· 84

## 원나라의 간섭과 고려의 멸망

26 원나라의 간섭에 고통받는 고려 ·········· 88
27 몽골풍이 유행한 고려 ·········· 90
28 원나라의 간섭에서 벗어나기 위한 노력 ·········· 92
29 목화씨를 가져온 문익점 ·········· 94
30 화포를 만들어 왜구를 물리친 최무선 ·········· 96
31 위화도에서 말을 돌리다 ·········· 98
32 토지 제도를 개혁하다 ·········· 100
• 역사가 보이는 유물 유적 세계 최초로 발명한 금속 활자 ·········· 102
• 역사 퀴즈 ·········· 103
• 한눈에 보는 역사 마인드맵 ·········· 104

후삼국 시대 | 고려 시대

# 후삼국 시대와
# 고려의
# 후삼국 통일

**900년** 　　**견훤, 후백제 건국**
신라의 장군이었던 견훤이 후백제를 세웠어요.

**901년** 　　**궁예, 후고구려 건국**
절의 승려였던 궁예가 후고구려를 세웠어요.

**918년** 　　**왕건, 고려 건국**
호족의 아들이었던 왕건이 고려를 세웠어요.

**926년** 　　**발해 멸망**
발해가 거란의 침략으로 멸망했어요.

**935년** 　　**신라 멸망**
신라 경순왕이 고려에 스스로 항복했어요.

**936년** 　　**고려, 후삼국 통일**
고려가 후백제마저 무너뜨리고 후삼국을 통일했어요.

# 고통 받는 백성들과 점차 무너져 가는 신라

삼국을 통일한 신라는 오랫동안 평화로웠어요. 하지만 점차 진골 귀족들이 왕의 자리를 두고 다투면서 혼란에 빠지게 되었어요. 귀족들은 자신의 뜻대로 왕을 세우거나, 자신들의 뜻을 따르지 않는 왕을 죽였어요. 그래서 혜공왕 때부터 150여 년 동안 무려 20번이나 왕이 바뀌었어요.

당시 귀족들은 대대로 물려받은 땅과 백성을 괴롭혀 불린 재산으로 사치스러운 생활에 빠져 있었어요. 그들은 금으로 치장한 집에 수많은 노비를 거느리고 매일같이 잔치를 벌였어요.

하지만 백성들은 하루하루 힘들게 살고 있었어요. 무거운 세금과 계속된 흉년으로 굶주림에 시달렸지요. 백성들 중에는 귀족에게 곡식을 꾸었다가 갚지 못해, 땅을 빼앗기고 노비가 되거나 세금을 피해 도망가 도적이 되는 사람들도 생겨났어요.

나라에서는 아랑곳하지 않고 백성들에게 세금을 더 빨리, 더 많이 거두려고 했어요. 결국 살기 힘들어진 백성들은 봉기해 관아를 습격하기도 했어요.

이 틈을 타 성주 또는 장군이라 불리며 자신의 뜻대로 지방을 다스리는 사람들이 나타났어요. 이들은 넓은 땅과 많은 재산을 가진 데다가 군사까지 거느렸지요. 이들을 호족이라 하는데, 지방 곳곳에서 나타나 왕을 위협했어요.

이렇게 신라는 온 나라가 큰 혼란에 빠지며 서서히 무너져 갔어요.

당시의 혼란스러운 상황이 적혀 있는 해인사 묘길상탑지

합천 해인사 길상탑

 **역사용어**
진골 골품의 두 번째 등급. 태종 무열왕부터 진골이 왕이 됨.
혜공왕 신라의 제36대 왕으로, 8세에 왕이 되었다가 5년 뒤 김지정의 난으로 살해됨.
봉기 벌 떼처럼 떼를 지어 일어난다는 뜻으로, 많은 사람이 어떤 일에 항의하기 위해 일어남.

**1** 신라 말의 상황에 대한 설명으로 옳지 <u>않은</u> 것을 고르세요. ( 　　 )

① 진골 귀족들이 왕의 자리를 두고 다투었어요.
② 나라에서는 백성들에게 많은 세금을 거두려고 했어요.
③ 생활이 어려워진 백성들은 노비나 도적이 되었어요.
④ 호족들이 나타나 나라에 부족한 세금을 냈어요.

**2** 신라 말의 상황에 맞게 괄호에 들어갈 알맞은 말을 쓰세요.

- ( 　　　　 )들은 무거운 세금과 굶주림에 시달렸어요.

- ( 　　　　 )들은 물려받은 땅과 재산으로 사치스러운 생활을 했어요.

**3** 빈칸에 들어갈 알맞은 말을 쓰고, 그 원인으로 옳은 것을 모두 고르세요. ( 　 , 　 )

살기 힘들어진 백성들이 [　　　　] 해 관아를 습격하기도 했어요.

① 무거운 세금　　　　② 많은 재산　　　　③ 흉년과 굶주림　　　　④ 호족의 등장

**4** 하루하루 힘든 생활을 하던 백성들은 어떻게 되었는지 두 가지 써 보세요.

- - - - - - - - - - - - - - - - - - - - - - - - - - - - - - - - - - - -

- - - - - - - - - - - - - - - - - - - - - - - - - - - - - - - - - - - -

**5** 호족이 어떤 사람인지 설명하는 글을 써 보세요. ....

- - - - - - - - - - - - - - - - - - - - - - - - - - - - - - - - - - - -

역사 포인트 　신라 말, 진골 귀족들이 왕의 자리를 두고 다투면서 나라가
큰 혼란에 빠졌어요. 지방에서는 호족이 새롭게 나타났어요.

# 후백제를 세운 신라의 장군, 견훤

농부의 아들로 태어난 견훤은 원래 서남쪽 바닷가를 지키는 신라의 장군이었어요. 아기 때 호랑이가 젖을 물리고 갔다는 말이 있을 정도로 힘이 세고, 매우 용맹스러웠어요.

어느 날, 견훤은 도적 떼가 나타났다는 소식을 들었어요. 견훤은 군사를 이끌고 도적 떼를 잡으러 갔어요. 그런데 잡힌 도적 떼를 보니, 무거운 세금 때문에 땅을 버리고 스스로 도적이 된 농민들이었어요. 견훤은 안타까웠어요.

"백성들이 이렇게 살기 어려운데, 신라 왕실과 귀족들은 다투고만 있다니! 이런 신라를 버리고 백성을 위해 내가 더 나은 세상을 만들어야겠다."

견훤은 신라와 맞서기로 결심했어요. 견훤은 자신을 따르는 군사들과 농민들을 이끌며 힘을 모았어요. 이런 견훤의 소식을 듣고, 신라 왕실에 불만을 가지고 있던 많은 사람이 모여들었어요. 지방의 호족들도 힘을 보태었어요.

어느덧 견훤은 옛 백제 땅이었던 지역을 거의 차지하게 되었어요.

"많은 백성이 나를 따르니 백제 땅이었던 이곳에 새로운 나라를 세워 백제의 영광을 되찾을 것이다."

900년, 마침내 견훤은 완산주를 도읍으로 정하고 새로운 나라를 세웠어요. 옛 백제를 잇겠다는 뜻에서 나라 이름을 '후백제'라고 했어요.

용맹 용감하고 사나움.
완산주 지금의 전라북도 전주.

**1** 어린 시절 견훤은 어떤 모습이었는지 써 보세요.

- - - - - - - - - - - - - - - - - - - - - - - - - - - - - - - - - - - - - - - - - - - -

**2** 견훤이 잡은 도적 떼는 누구였는지 고르세요. (　　　　)

① 지방의 호족들이 거느리고 있던 군사들　　② 신라 왕실을 지키던 군사들

③ 다툼에서 진 귀족들　　④ 무거운 세금 때문에 스스로 도적이 된 농민들

**3** 글을 읽으면서 빈칸에 들어갈 알맞은 나라 이름을 보기 에서 찾아 쓰세요.

보기

백제

신라

후백제

- 견훤은 ☐ 의 장군이었어요.

- 견훤은 ☐ 에 맞서기로 결심했어요.

- 견훤은 옛 ☐ 땅이었던 지역을 거의 차지했어요.

**4** 괄호에 들어갈 알맞은 말이 바르게 짝 지어진 것을 고르세요. (　　　　)

견훤은 (　　　)를 도읍으로 정하고, (　　　)를 세웠어요.

① 완산주-백제　　② 완산주-신라　　③ 백제-완산주　　④ 완산주-후백제

**5** 견훤이 나라 이름을 후백제로 정한 이유를 써 보세요.

- - - - - - - - - - - - - - - - - - - - - - - - - - - - - - - - - - - - - - - - - - - -

역사 포인트　신라의 장군이었던 견훤은 옛 백제 땅이었던 지역을 차지한 뒤, 완산주에 도읍을 정하고 후백제를 세웠어요.

# 후고구려를 세운 신라의 왕족, 궁예

궁예는 원래 신라의 왕족 출신이었어요. 하지만 아기였을 때 죽임을 당할 뻔했어요. 다행이 유모의 도움으로 목숨을 구했지만, 그 과정에서 한쪽 눈을 크게 다쳤어요.

절에 들어가 승려가 되었던 궁예는 귀족들의 횡포로 어려움에 처한 백성들을 구해야겠다고 마음먹었어요.

"어지러운 세상을 두고만 볼 수 없다. 절에서 나가 백성들을 구해야겠어."

궁예는 호족 양길을 찾아가 그의 부하가 되었어요. 그리고 군사를 이끌고 신라군과 맞서 싸웠어요. 싸울 때마다 큰 승리를 거두었지요. 굶주린 백성들은 궁예가 새로운 세상을 열어 줄 것이라고 여기며 믿고 따랐어요. 호족들도 궁예에게 군사를 내주었어요. 지도력이 뛰어난 궁예를 따르는 군사들이 늘어나 3,500여 명이나 되었어요.

궁예의 힘이 커지자 불안해진 양길은 궁예를 없애려고 했어요. 이를 눈치챈 궁예가 먼저 양길을 몰아내고 넓은 땅과 많은 군사를 차지했어요.

"나는 옛 고구려를 잇는 새로운 나라를 세울 것이다!"

901년, 궁예는 송악을 도읍으로 정하고 '후고구려'를 세웠어요. 후고구려는 한강 유역과 강원도 지역을 차지하며 크게 세력을 떨쳤어요. 시간이 흐른 뒤 궁예는 도읍을 철원으로 옮기고, 나라 이름을 마진으로 바꾸었다가 다시 태봉으로 바꾸었어요.

**양길** 진성 여왕 때 원주에서 반란을 일으킨 호족.
**송악** 지금의 개성. 고려 시대에는 개경으로 불림.

**1** 궁예에 대한 설명으로 옳지 <u>않은</u> 것을 고르세요. (　　　)

① 절에 들어가 승려가 되었어요.　　② 원래 신라의 왕족 출신이었어요.

③ 무거운 세금 때문에 도적이 되었어요.　　④ 호족 양길의 부하가 되어 군사를 이끌었어요.

**2** 승려였던 궁예가 신라군과 맞서 싸우게 된 이유를 써 보세요.

------------------------------------------------

------------------------------------------------

**3** 백성들이 궁예를 믿고 따른 이유는 무엇인지 써 보세요.

------------------------------------------------

------------------------------------------------

**4** 글을 읽으면서 알맞은 말에 ○ 하세요.

궁예는 ( **송악** / **철원** )을 도읍으로 정하고, 후고구려를 세웠어요.

그 뒤 ( **송악** / **철원** )으로 도읍을 옮기고, 나라 이름을 두 번 바꾸었어요.

**5** 궁예가 나라 이름을 어떻게 바꾸었는지 순서대로 쓰세요.

| 후고구려 | → | 　　　 | → | 　　　 |

 **역사 포인트** 승려 궁예는 점차 넓은 땅과 군사를 차지한 뒤 송악에 도읍을 정하고 후고구려를 세웠어요.

# 왕건, 고려를 세우다

왕건은 원래 송악에서 해상 무역으로 재산을 모아, 여러 군사를 거느린 호족의 아들이었어요. 후고구려를 세운 궁예가 송악 근처까지 세력을 넓혀 오자, 왕건의 아버지는 왕건을 데리고 궁예를 찾아가 그의 부하가 되었어요.

왕건은 뛰어난 전술로 전투마다 승리했어요. 왕건은 부드러우면서도 위엄이 있어 많은 사람이 그를 존경하고 따랐어요.

도읍을 철원으로 옮기고 태봉으로 나라 이름을 바꾼 궁예는 날이 갈수록 이상해졌어요. 백성들을 돌보기보다 자신의 몸치장을 하거나 자신을 높이는 데 많은 시간을 썼어요. 또 자신이 세상을 구할 미륵불이라며 죄 없는 사람들에게 억울한 누명을 씌워 죽이기도 했어요.

어느 날 밤, 장수 홍유, 배현경, 신숭겸, 복지겸이 왕건을 찾아왔어요.

"장군, 더 이상 궁예 왕을 두고 볼 수 없습니다. 백성들이 두려움에 떨고 있습니다. 궁예 왕을 몰아내고, 장군이 이 나라의 새로운 왕이 되어 주십시오."

왕건은 깜짝 놀라며 그들의 청을 거절했어요. 이때 밖에서 대화를 엿듣고 있던 왕건의 부인 유씨가 갑옷을 들고 왔어요.

"저들의 뜻을 받아들이세요. 어려움에 빠진 백성들을 구하라는 하늘의 뜻입니다."

왕건은 부인 말에 힘을 얻어 장수들과 함께 궁궐로 향했어요. 궁궐 앞에는 왕건을 기다리는 성난 백성들로 가득했지요. 궁예는 왕건을 피해 산속으로 도망쳤어요. 하지만 백성들에게 발각되어 맞아 죽고 말았어요.

918년, 왕건은 새로운 나라를 세웠어요. 옛 고구려를 잇는다는 뜻으로, 나라 이름을 '고려'라고 했어요. 이후 도읍을 철원에서 송악으로 옮겼어요.

**해상 무역** 사고팔 물건을 배로 실어 나르며 거래하는 무역.
**전술** 전쟁 또는 전투 상황에서 대처하기 위한 기술과 방법.
**신숭겸** 고려를 세우는 데 큰 역할을 한 장군. 후백제와의 전투에서 목숨을 잃음.

**1** 왕건은 원래 어떤 사람이었는지 빈칸에 들어갈 알맞은 말을 보기 에서 찾아 쓰세요.

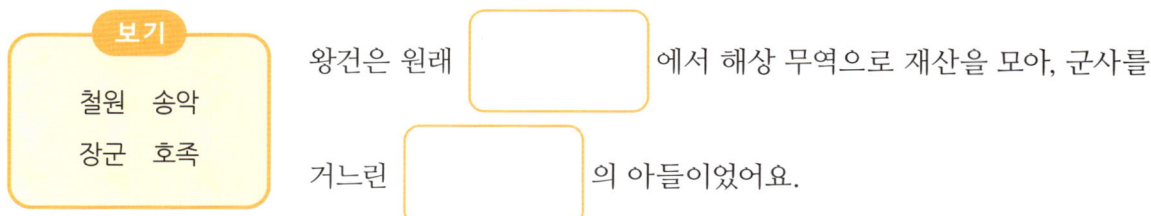

보기

철원　송악

장군　호족

왕건은 원래 [　　　　] 에서 해상 무역으로 재산을 모아, 군사를

거느린 [　　　　] 의 아들이었어요.

**2** 글을 읽으면서 빈칸에 들어갈 알맞은 사람을 보기 에서 찾아 쓰세요.

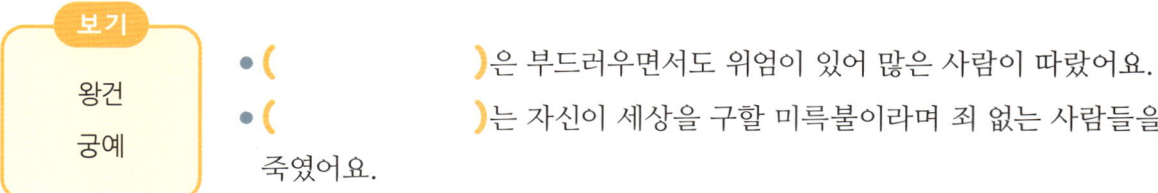

보기

왕건

궁예

• ( 　　　　 )은 부드러우면서도 위엄이 있어 많은 사람이 따랐어요.

• ( 　　　　 )는 자신이 세상을 구할 미륵불이라며 죄 없는 사람들을

죽였어요.

**3** 장수들이 왕건을 찾아온 이유를 써 보세요.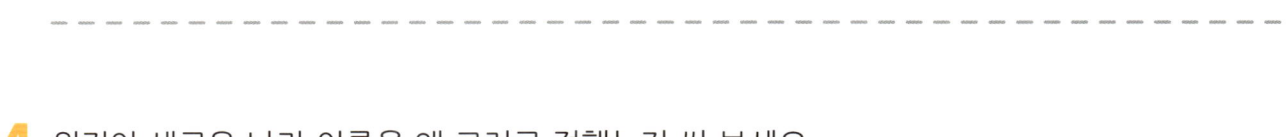

_____

_____

**4** 왕건이 새로운 나라 이름을 왜 고려로 정했는지 써 보세요.

_____

**5** 고려는 도읍을 어디에서 어디로 옮겼는지 옳은 것을 고르세요. ( 　　　 )

① 송악에서 서경으로　　② 철원에서 송악으로　　③ 송악에서 철원으로　　④ 철원에서 서경으로

역사 포인트

왕건은 궁예를 몰아내고 새 나라를 세웠어요. 옛 고구려를 잇는다는 뜻으로 나라 이름을 고려라고 했어요.

# 드디어 통일 국가를 이룬 고려

왕건이 세운 고려는 신라와 좋은 관계였지만, 후백제와는 사이가 좋지 않았어요. 바로 신라와의 관계 때문이었어요.

927년, 후백제가 신라를 공격해 오자 신라는 고려에 도움을 요청했어요. 태조 왕건은 직접 군사를 이끌고 공산 부근에서 후백제군과 맞붙었어요. 이 전투에서 왕건은 후백제군에게 크게 지고, 겨우 목숨만 건졌어요.

3년 뒤인 930년, 고려군은 고창에서 후백제군과 또다시 맞붙었어요. 이 싸움에서는 고려군이 크게 승리했어요. 공산 전투에서 부하 장수를 잃은 왕건이 오랫동안 전투를 준비했기 때문이에요.

고창 전투 이후, 후백제에서는 왕의 자리를 두고 다툼이 벌어졌어요. 견훤이 10명의 아들 중 넷째 아들에게 왕의 자리를 물려주려 하자, 화가 난 맏아들 신검이 아버지 견훤을 금산사에 가두고 왕의 자리에 올랐어요. 그러자 견훤은 금산사를 빠져나와 고려의 왕건에게로 왔어요. 왕건은 견훤을 받아들이고, 후하게 대접했어요.

935년, 견훤이 왕건에게 항복했다는 소식을 들은 신라 경순왕도 고려에 항복해 왔어요. 천 년의 역사를 지켜 온 신라였지만 경순왕은 더 이상 스스로 나라를 지킬 힘이 없다고 생각했지요. 왕건은 기뻐하며 경순왕에게 높은 벼슬과 땅을 주고 예의를 갖추었어요.

936년, 고려군은 신검의 후백제군과 일리천에서 전투를 벌였어요. 후백제군은 후백제의 왕이었던 견훤을 앞세운 고려군에게 힘없이 무너졌어요. 전쟁에 지고 도망쳤던 신검은 결국 고려에 항복하고 말았어요.

후백제마저 무너뜨린 고려는 드디어 후삼국을 통일했어요.

**공산** 지금의 팔공산.
**고창** 지금의 경상북도 안동.
**일리천** 지금의 경상북도 구미.

**1** 고려와 다른 나라의 관계로 맞으면 ○, 틀리면 ✕ 하세요.

① 고려는 후백제와 사이가 좋았어요. **(          )**          ② 고려는 신라와 사이가 좋았어요. **(          )**

**2** 글을 읽으면서 빈칸에 들어갈 알맞은 지역을 보기 에서 찾아 쓰세요.

보기

고창
일리천
공산
파주

● 927년, 고려군은 [          ] 부근에서 후백제군에게 크게 졌어요.

● 930년, 고려군은 [          ] 에서 후백제군을 크게 이겼어요.

● 936년, 고려군은 [          ] 에서 후백제군을 크게 이겼어요.

**3** 고려는 어떻게 신라를 받아들이게 되었는지 써 보세요. ...수행평가 대비

-------------------------------------------------------------------

**4** 왕건은 후백제의 견훤과 신라 경순왕에게 어떤 태도를 보였는지 써 보세요. ...수행평가 대비

● 왕건은 견훤을 _____ .

● 왕건은 경순왕에게 _____ .

**5** 고려가 후삼국을 통일하는 과정에 맞게 순서대로 번호를 쓰세요.

● 고려군이 일리천에서 후백제군과 싸워 승리했어요. -------------------------- **(          )**
● 금산사에 갇혀 있던 후백제의 견훤이 고려의 왕건에게 왔어요. ------------- **(          )**
● 신라 경순왕이 스스로 왕건을 찾아와 고려에 항복했어요. ----------------- **(          )**
● 신검이 항복하며 고려는 후삼국을 통일했어요. ----------------------------- **(          )**

역사 포인트 신라의 경순왕이 고려에 항복한 뒤, 고려는 신검의 후백제를 무너뜨리고 936년에 후삼국을 통일했어요.

# 고려의 도읍지 **개경**

왕건은 918년에 고려를 세우고, 이듬해인 919년에 도읍을 철원에서 송악으로 옮겼어요. 그 뒤 송악은 개경으로 불렸어요.

고려의 도읍지 개경은 풍수지리설에 따르면 최고의 명당이었어요. 송악산이 감싸고 있어 적의 침입을 막기 좋았고, 황해로 흘러드는 예성강을 끼고 있어 교통이 편리했지요. 또 한반도 중심에 자리 잡고 있어 나라를 다스리기도 좋았어요.

개경에는 산줄기를 따라 도읍 전체를 둘러싼 나성이 있었어요. 이 성벽을 따라서 25개의 크고 작은 성문이 있었고, 나성 안쪽으로는 왕이 사는 왕궁과 그 왕궁을 둘러싸고 있는 황성이 있었지요. 오늘날 개경에는 고려의 왕궁터인 만월대와 남대문, 선죽교 등 많은 유적이 남아 있어요.

개경의 모습

송악산과 고려 왕궁터인 만월대

남아 있는 고려 왕궁의 돌계단

# ○× 퀴즈를 풀어라!

고려의 도읍지인 개경에 관한 글을 읽고, ○×로 답하세요.

**1** 궁궐의 동쪽과 서쪽에 유교의 정신에 따라 종묘와 사직단을 두었어요. -------------

**2** 산줄기를 따라 도읍 전체를 둘러싼 나성이 있었어요. -------

**3** 한반도의 북쪽 끝에 자리 잡고 있어 나라를 다스리기 어려웠어요. -------------

**4** 예성강을 끼고 있어 교통이 편리했어요. -----------------

**5** 송악산이 감싸고 있어 적의 침입을 막기 좋았어요. ---------

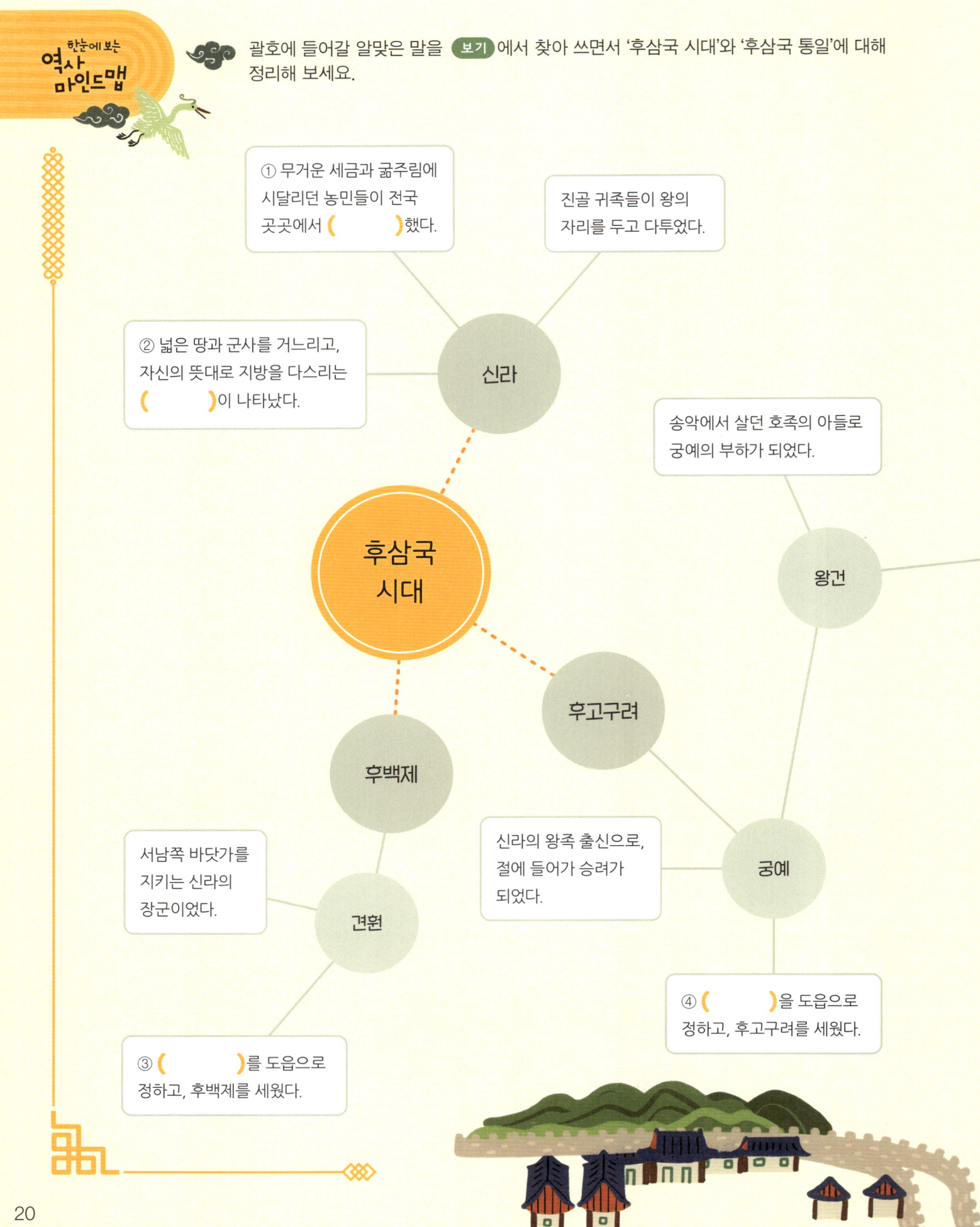

괄호에 들어갈 알맞은 말을 [보기]에서 찾아 쓰면서 '후삼국 시대'와 '후삼국 통일'에 대해 정리해 보세요.

① 무거운 세금과 굶주림에 시달리던 농민들이 전국 곳곳에서 ( )했다.

진골 귀족들이 왕의 자리를 두고 다투었다.

② 넓은 땅과 군사를 거느리고, 자신의 뜻대로 지방을 다스리는 ( )이 나타났다.

신라

송악에서 살던 호족의 아들로 궁예의 부하가 되었다.

왕건

후삼국 시대

후고구려

후백제

신라의 왕족 출신으로, 절에 들어가 승려가 되었다.

궁예

서남쪽 바닷가를 지키는 신라의 장군이었다.

견훤

④ ( )을 도읍으로 정하고, 후고구려를 세웠다.

③ ( )를 도읍으로 정하고, 후백제를 세웠다.

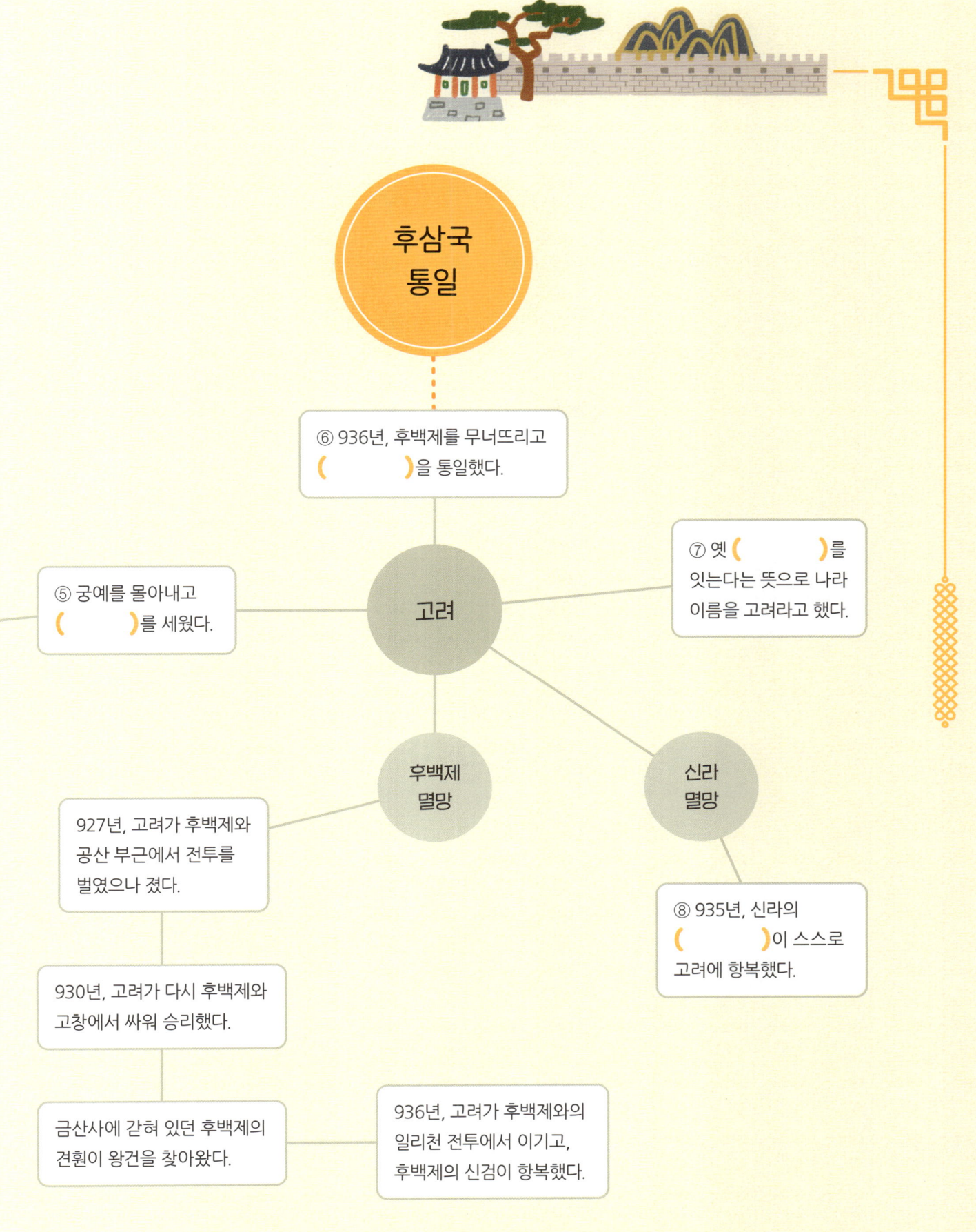

**후삼국
통일**

⑥ 936년, 후백제를 무너뜨리고
( )을 통일했다.

⑦ 옛 ( )를
잇는다는 뜻으로 나라
이름을 고려라고 했다.

⑤ 궁예를 몰아내고
( )를 세웠다.

**고려**

**후백제
멸망**

**신라
멸망**

927년, 고려가 후백제와
공산 부근에서 전투를
벌였으나 졌다.

⑧ 935년, 신라의
( )이 스스로
고려에 항복했다.

930년, 고려가 다시 후백제와
고창에서 싸워 승리했다.

금산사에 갇혀 있던 후백제의
견훤이 왕건을 찾아왔다.

936년, 고려가 후백제와의
일리천 전투에서 이기고,
후백제의 신검이 항복했다.

**보기** 봉기 고려 후삼국 송악 완산주 고구려 경순왕 호족

고려 시대

새 나라의
기틀을 다진
고려

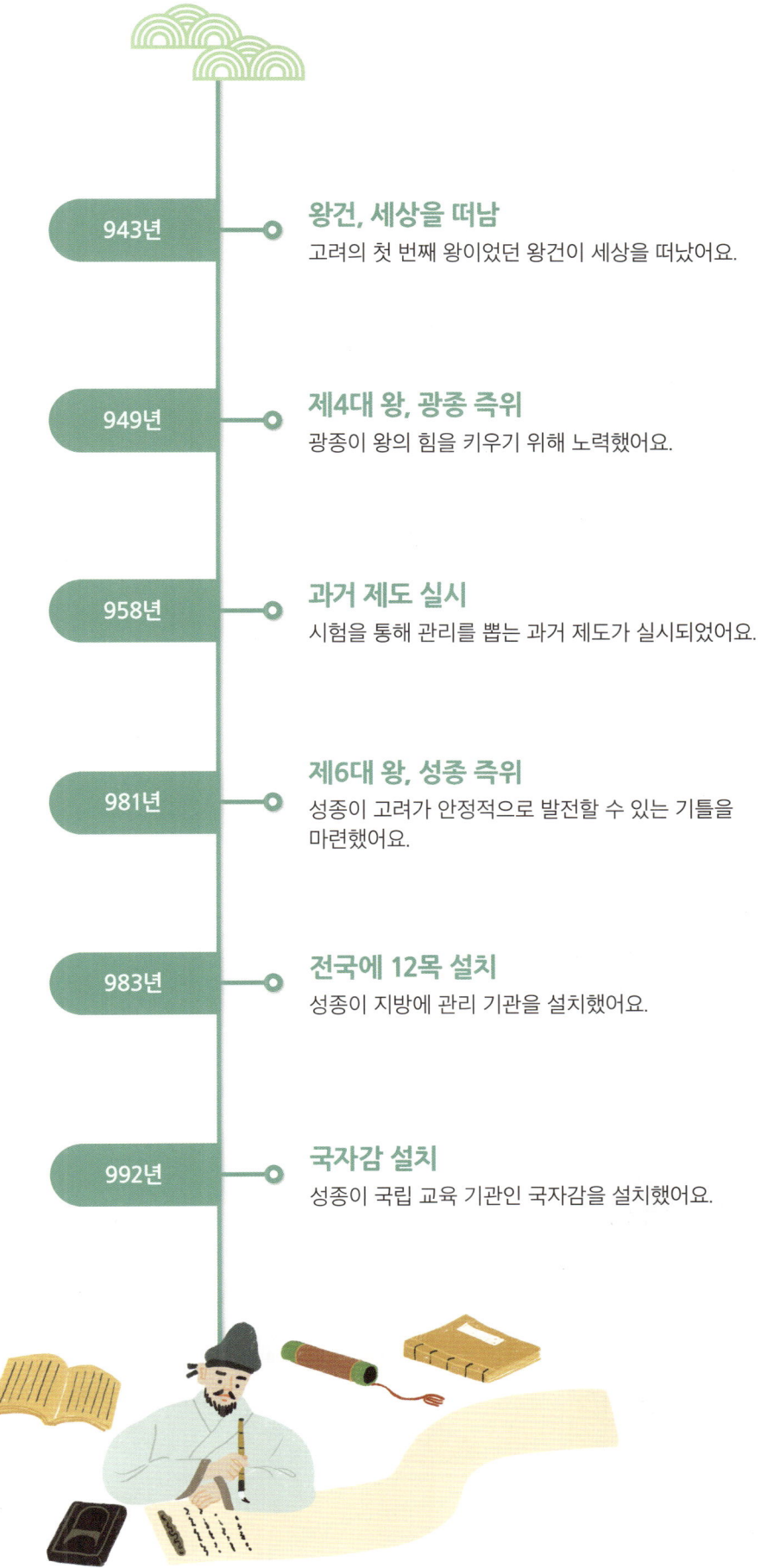

**943년**

**왕건, 세상을 떠남**
고려의 첫 번째 왕이었던 왕건이 세상을 떠났어요.

**949년**

**제4대 왕, 광종 즉위**
광종이 왕의 힘을 키우기 위해 노력했어요.

**958년**

**과거 제도 실시**
시험을 통해 관리를 뽑는 과거 제도가 실시되었어요.

**981년**

**제6대 왕, 성종 즉위**
성종이 고려가 안정적으로 발전할 수 있는 기틀을
마련했어요.

**983년**

**전국에 12목 설치**
성종이 지방에 관리 기관을 설치했어요.

**992년**

**국자감 설치**
성종이 국립 교육 기관인 국자감을 설치했어요.

# 6 태조 왕건은 왜 29번이나 결혼을 했을까?

통일 국가가 되었지만 고려에는 문제들이 있었어요. 지방에 여전히 마음만 먹으면 언제든 군사를 일으켜 고려 왕실을 위협할 수 있을 만큼 힘이 센 호족들이 얼마든지 있었거든요. 게다가 그중에는 왕건이 왕의 자리에 오르는 것을 반대했던 호족들도 있었지요. 태조 왕건은 힘센 호족들을 어떻게든 자신의 편으로 만들어야 했어요.

그래서 태조 왕건은 호족들의 마음을 얻기 위해 여러 제도를 실시했어요. 그중 하나가 바로 결혼이었어요. 태조 왕건이 힘센 지방 호족들의 누이나 딸과 결혼해 맞이한 부인은 무려 27명이에요. 왕이 되기 전에 맞이한 부인 신혜 왕후와 장화 왕후까지 합하면 태조 왕건의 부인은 모두 29명이나 되었어요.

태조 왕건이 이렇게 많은 부인을 맞이한 이유는 무엇일까요? 호족들은 누이나 딸이 왕비가 되면 왕실과 사돈 관계를 맺게 되어 좋았고, 태조 왕건은 호족들을 자기편으로 만들 수 있어 좋았기 때문이에요.

딸이 없는 호족에게는 왕씨 성을 주거나 땅과 벼슬을 주어 왕실과 한 가족처럼 느끼게 했어요. 이런 왕건의 노력으로 호족들은 왕실과 같은 편이 되어 지방을 다스렸어요.

태조 왕건은 기인 제도라는 것도 실시했어요. 기인 제도는 호족들의 자식을 왕이 있는 개경에 머무르게 한 제도예요. 호족들은 자식들의 목숨이 위태로워질까 봐 쉽게 군사를 일으키지 못했고, 왕실과 좋은 관계를 유지했어요.

여러 제도들 덕분에 태조 왕건은 점차 고려를 안정시켜 나갔어요. 그러나 태조 왕건이 죽고 난 뒤 문제가 생기고 말았어요. 호족들이 많은 왕자들 중 자신과 가까운 왕자를 왕으로 세우려는 바람에 큰 다툼이 일어났어요.

**역사용어**

**왕실** 왕의 집안을 일컫는 말.
**신혜 왕후** 태조 왕건의 첫째 부인으로, 궁예를 몰아내라고 왕건을 설득함.
**장화 왕후** 태조 왕건의 둘째 부인으로, 고려의 제2대 왕인 혜종의 어머니임.

**1** 후삼국을 통일한 뒤 태조 왕건이 걱정한 것은 무엇인지 고르세요. (          )

① 29명의 부인들과 사이좋게 지내는 일

② 왕의 자리를 이을 아들이 태어나지 않은 일

③ 호족들이 자신과 가까운 왕자를 왕으로 세우려는 일

④ 지방의 호족들이 군사를 일으켜 고려 왕실을 위협하는 일

**2** 태조 왕건이 29명의 부인을 두게 된 이유를 써 보세요.

--------------------------------------------

--------------------------------------------

**3** 글을 읽으면서 빈칸에 들어갈 알맞은 말을 쓰세요.

딸이 왕건의 왕비가 된 호족들은 왕실과 (                    )를 맺게 되어 좋았고, 왕건은 호족들을

(                    )으로 만들 수 있어 좋았어요.

**4** 태조 왕건이 딸이 없는 호족을 자기편으로 만들기 위해 준 것이 <u>아닌</u> 것을 고르세요. (          )

① 왕씨 성            ② 노비            ③ 땅            ④ 벼슬

**5** 글을 읽으면서 알맞은 말에 ○ 하고, 무슨 제도인지 쓰세요.

> 호족들의 자식을 왕이 있는 ( **서경 / 개경** )에 머무르게 한 제도

(                    ) 제도

> **역사포인트** 태조 왕건은 호족들을 자기편으로 만들기 위해 호족 딸과 결혼했어요.
> 또 왕씨 성, 땅, 벼슬을 주거나 호족의 자식을 개경에 머무르게 했어요.

 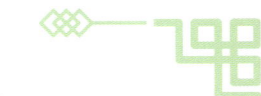

# 훈요십조에는 어떤 내용이 담겨 있을까?

태조 왕건은 자나 깨나 고려 걱정뿐이었어요. 어떻게 하면 고려를 잘 유지하고 고려 왕실이 오래도록 이어질 수 있을지, 또다시 나라가 나누어지지 않으려면 어떻게 해야 하는지 항상 고민했어요.

태조 왕건이 죽음을 앞두고 신하를 불렀어요.

"고려가 잘 유지되기 위해 후대 왕들이 꼭 지켜야 할 열 가지 가르침인 훈요십조를 만들었으니 잘 받아 적도록 하여라."

훈요십조에는 나라를 안정시키고, 하나 된 사회를 이루려는 태조 왕건의 생각과 고려 왕실이 나아갈 방향이 담겨 있어요.

1조에서는 불교를 장려하고, 6조에서는 불교 행사인 연등회와 팔관회를 성대하게 열라고 했어요. 이 두 가지를 살펴보면 고려가 불교의 힘으로 나라를 세웠으니 앞으로도 불교를 중요하게 여기고, 불교로 백성들을 잘 다스리라는 뜻이 담겨 있어요.

5조에서는 서경을 중시하고 1년에 100일 이상 머무르라고 했어요. 태조 왕건은 고구려의 도읍이었던 서경을 개경 다음으로 중요하게 생각했어요. 서경을 발판 삼아 북쪽의 옛 고구려 땅을 되찾기 위해 노력했지요. 후대 왕들이 자신의 북진 정책을 계속 이어 가기를 바라는 마음을 담은 것이에요.

이외에도 풍수지리설에 따라 절을 세울 것, 맏아들이 왕의 자리에 오르되 맏아들이 현명하지 못하면 다른 아들이 왕의 자리에 오르도록 할 것, 거란의 제도를 본받지 말 것 등도 당부했어요.

훈요십조를 전하고 태조 왕건은 곧 세상을 떠났어요. 고려를 생각하는 태조 왕건의 마음이 담긴 훈요십조는 고려의 국가 정책에 큰 영향을 주었어요.

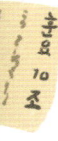

태조 왕건 청동상

**서경** 지금의 평양.
**풍수지리설** 지형이나 위치를 인간의 재앙이나 복과 연결해 집, 무덤 등의 장소를 찾는 이론.

**1** 태조 왕건이 남긴 것으로, 후대 왕들이 꼭 지켜야 할 열 가지 가르침은 무엇인지 쓰세요.

| | | | |
|---|---|---|---|
| | | | |

**2** 태조 왕건이 훈요십조를 남긴 이유를 모두 고르세요. (     ,     )

① 거란과 전쟁 없이 평화롭게 살게 하기 위해서

② 고려 왕실이 나아갈 방향을 전하기 위해서

③ 태조 왕건을 오랫동안 기억하게 하기 위해서

④ 나라를 안정시키고 하나 된 사회를 이루게 하기 위해서

**3** 다음 조항에 담긴 태조 왕건의 생각이 무엇인지 써 보세요.

① 5조: 왕은 1년에 100일 이상 서경에 머무를 것

- - - - - - - - - - - - - - - - - - - - - - - - - - - - - - - - - - - - - - - - - - - - -

② 6조: 불교 행사인 연등회와 팔관회를 성대히 열 것

- - - - - - - - - - - - - - - - - - - - - - - - - - - - - - - - - - - - - - - - - - - - -

**4** 훈요십조의 내용으로 옳지 <u>않은</u> 것을 고르세요. (     )

① 불교 행사인 연등회와 팔관회를 성대히 열어라.

② 풍수지리설에 따라 절을 세워라.

③ 맏아들이 현명하지 않더라도 반드시 맏아들이 왕의 자리에 오르도록 해라.

④ 거란의 제도를 본받지 말아라.

> **역사 포인트** 태조 왕건은 후대 왕이 꼭 지켜야 열 가지 가르침인 훈요십조를 남겼어요. 훈요십조는 고려의 국가 정책에 큰 영향을 주었어요.

# 고려는 관리를 어떻게 뽑았을까?

"전하, 이제는 과거를 통해 능력 있는 사람들을 공정하게 뽑아 쓰십시오."

과거 제도는 중국에서 건너온 쌍기의 건의로 958년에 광종이 처음으로 실시했어요. 과거는 양인 이상의 신분을 가진 사람이라면 누구나 시험을 통해서 관리가 될 수 있는 제도예요. 과거 제도를 통해 뽑힌 새로운 관리들은 왕에게 충성했어요. 광종은 과거 제도를 이용해 그동안 관직을 차지했던 호족 세력을 누르고, 왕의 힘을 키웠어요.

과거 시험은 3년에 한 번 치르는 것이 원칙이었지만 때로는 1년 혹은 2년에 한 번씩 치르기도 했어요. 과거 시험에는 여러 종류가 있었는데 문장을 짓는 능력을 보는 제술과, 유교 경전을 잘 이해하는 능력을 평가하는 명경과가 있었어요. 또 기술관을 뽑는 잡과와 승려들이 보는 승과도 있었어요. 높은 관직의 문관 관리가 되려면 유학을 공부해 제술과나 명경과에 합격해야 했어요.

과거 제도가 실시된 고려는 신라에 비해 가문보다 개인의 능력을 중요하게 여겼어요. 신라에서는 특정한 골품의 신분으로 태어나야만 관직을 물려받거나 추천을 받을 수 있었어요. 하지만 고려에서는 가문이 좋지 않더라도 과거에 급제하면 관리가 될 수 있었지요.

고려에는 귀족 자녀들에게 특혜를 주는 제도도 있었어요. 바로 음서 제도예요. 조상이 높은 벼슬에 오른 경우 그 자손에게 과거를 보지 않아도 벼슬을 주는 제도였지요. 하지만 과거 제도가 널리 시행되면서 음서로 벼슬에 오르더라도 다시 과거를 치러 자신의 능력을 인정받는 경우가 생겼어요.

1205년, 고려 문신 장양수가 과거에 급제해 받은 합격증인 홍패

**역사 용어**

**쌍기** 중국 후주에서 태어나 고려 사람으로 귀화한 관리.
**유학** 공자의 가르침을 배우는 학문.
**급제** 시험이나 검사 따위에 합격함.

**1** 글을 읽으면서 빈칸에 들어갈 왕은 누구인지 쓰세요.

과거 제도는 [          ] 이 처음 실시했어요.

**2** 광종이 과거 제도를 실시한 이유를 써 보세요.

- - - - - - - - - - - - - - - - - - - - - - - - - - - - - - - - - - - - - - - - - - - -

**3** 과거 제도에 대한 설명으로 옳지 <u>않은</u> 것을 고르세요. (          )

① 3년에 한 번 치르는 게 원칙이었지만 1년 또는 2년에 한 번씩 치르기도 했어요.
② 시험으로는 제술과, 명경과, 잡과, 승과가 있었어요.
③ 가문이 좋지 않으면 아예 과거를 볼 수 없었어요.
④ 가문이 좋지 않더라도 과거에 급제하면 관리가 될 수 있었어요.

**4** 신라와 고려는 어떻게 다르게 관리를 뽑았는지 쓰세요.

● 신라는 - - - - - - - - - - - - - - - - - - - - 관직을 물려받거나 추천받을 수 있었어요.

● 고려는 개인의 능력을 중요하게 여겨 - - - - - - - - - - - - - - - - - - - -

**5** 글을 읽으면서 괄호에 공통으로 들어갈 알맞은 말을 쓰세요.

조상이 높은 벼슬에 오른 경우 그 자손에게 벼슬을 주는 (          ) 제도가 있었어요. 하지만 점차
(          )로 벼슬에 오르더라도 다시 과거를 치르는 경우가 생겼어요.

(          )

**역사포인트** 광종은 과거 제도를 실시해 호족 세력을 누르고 왕의 힘을 키웠어요. 고려에서는 가문이 좋지 않더라도 능력이 뛰어나면 과거를 치러 관리가 될 수 있었어요.

# 나라의 제도를 만들어 왕권 강화를 꾀한 성종

고려의 제6대 왕, 성종은 신하들에게 나라를 올바르게 다스릴 방법을 생각해 보라고 했어요.

그러자 최승로가 '나라에서 지금 해야 할 정책 28가지'라는 뜻의 시무 28조를 올렸어요. 시무 28조는 유교 사상에 따라 나라를 다스려야 한다는 것으로, 최승로는 왕이 신하와 더불어 나라를 다스려야 한다고 주장했어요. 중국 공자의 가르침인 유교는, 나라에 충성하고 부모에게 효도하는 것을 강조하는 사상이에요. 최승로는 지방에 관리를 보내 백성들의 사정을 살피고 호족의 세력을 누를 것도 건의했어요.

성종은 최승로의 건의를 적극적으로 받아들여 여러 제도를 마련했어요. 지방에 12목을 설치한 성종은 관리를 내려보냈어요. 지방은 원래 호족들이 다스리고 있어서 왕의 뜻대로 다스리기가 쉽지 않았어요. 그러나 12목을 설치한 뒤 중앙에서 보낸 관리가 지방을 다스리게 되자, 왕의 뜻이 지방까지 효과적으로 전달되어 호족 세력을 누를 수 있게 되었어요.

또 성종은 유학을 가르치기 위해 개경에 국립 교육 기관인 국자감을 세웠어요. 국자감에서 공부를 마친 학생들은 과거 시험을 통해 관리가 되었어요.

성종은 이처럼 관리들의 의견에 귀를 기울여 여러 정책을 펼쳤고, 그 덕분에 점차 나라의 제도를 갖추어 가며 고려가 안정적으로 발전할 수 있는 기틀을 마련했어요.

 **역사 용어**
**최승로** 고려 초기의 학자로 고려 유학 정치의 기틀을 만듦.
**12목** 고려의 중요 지역인 양주, 광주, 충주, 청주, 공주, 진주, 상주, 전주, 나주, 승주, 해주, 황주에 설치한 행정 조직으로 중앙에서 보낸 관리인 목사가 다스림.

**1** 글을 읽고, 최승로가 성종에게 올린 글이 무엇인지 쓰세요.

> 나라에서 지금 해야 할 정책 28가지

| | | | |
|---|---|---|---|
| | | | |

**2** 글을 읽으면서 알맞은 말에 ○ 하세요.

- ( **불교** / **유교** ) 사상에 따라 나라를 다스려야 한다.
- 지방에 ( **관리** / **태자** )를 보내 백성들의 사정을 살펴야 한다.

**3** 유교에서 강조하고 있는 내용은 무엇인지 써 보세요. ···· 수행평가 대비

- - - - - - - - - - - - - - - - - - - - - - - - - - - - - - - - - -

**4** 글을 읽고, 무엇에 대한 설명인지 보기 에서 알맞은 말을 찾아 쓰세요.

보기

12목　성균관
국자감　목사

- 개경에서 유학을 가르치던 국립 교육 기관　［　　　　］
- 지방을 다스리기 위해 설치한 행정 조직　［　　　　］

**5** 성종이 지방에 12목을 설치한 뒤 고려가 어떻게 되었는지 써 보세요. ···· 수행평가 대비

- - - - - - - - - - - - - - - - - - - - - - - - - - - - - - - - - -

- - - - - - - - - - - - - - - - - - - - - - - - - - - - - - - - - -

**역사 포인트**　성종은 최승로의 시무 28조를 받아들여 지방에 12목을 설치해 관리를 보냈고, 개경에 국립 교육 기관인 국자감을 세우고 유학을 가르쳤어요.

# 거대한 크기의 **고려 불상**

고려 시대에는 높이가 10미터 넘는 거대한 불상을 많이 만들었어요. 이 불상들은
돌을 깎아 만든 석불로, 주로 고려 왕실이나 지방의 호족들이 만들었어요.
고려 왕실은 백성들이 거대한 석불을 보면서 고려 왕실에 믿음과 존경심을 갖기를
바랐어요. 지방 호족들은 자신들의 힘을 과시하기 위해서 커다란 석불을 만들었어요.
고려의 석불은 크기뿐 아니라, 대부분 몸에 비해 머리가 큰 것이 특징이에요.

**논산 관촉사 석조 미륵보살 입상**
'은진 미륵'이라고도 불리는데, 높이
약 18미터로 우리나라에서 가장 큰
석불이에요. 광종 때 만들어진
것이라고 전해지고 있어요.

**파주 용미리 마애 이불 입상**
높이 17.4미터로, 바위를 몸통 삼아 그 위에
머리를 올린 석불이에요. 네모 갓을 쓴 석불이 여자,
둥근 갓을 쓴 석불이 남자로 알려져 있어요.

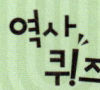

# 글자를 찾아라!

글자판에서 두 불상의 이름에 들어 있는 글자를 모두 찾아 주어진 색으로
색칠하고, 글자판에 나온 낱말을 빈칸에 쓰세요.

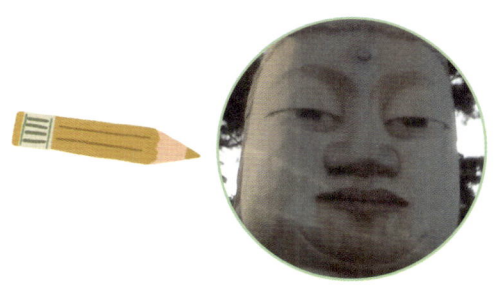 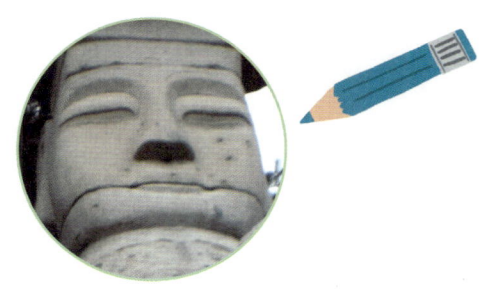

| 논 | 산 | 관 | 종 | 보 | 살 | 크 | 높 | 리 |
|---|---|---|---|---|---|---|---|---|
| 강 | 차 | 촉 | 만 | 비 | 입 | 려 | 입 | 마 |
| 수 | 사 | 비 | 대 | 파 | 상 | 시 | 방 | 애 |
| 투 | 석 | 지 | 설 | 주 | 해 | 넘 | 상 | 이 |
| 조 | 미 | 륵 | 추 | 용 | 미 | 로 | 지 | 불 |
| 랑 | 아 | 광 | 터 | 머 | 커 | 성 | 호 | 족 |

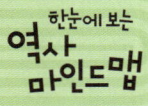 

괄호에 들어갈 알맞은 말을 보기 에서 찾아 쓰면서 '새 나라의 기틀을 다진 고려'에 대해 정리해 보세요.

딸이 없는 호족에게는 왕씨 성을 주거나 땅과 벼슬을 주었다.

① 호족의 딸들과 (          )을 했다.

② 호족의 자식을 왕이 있는 개경에 머무르게 한 (          ) 제도를 실시했다.

여러 가지 제도를 실시해 지방의 호족들을 자기편으로 만들었다.

태조 왕건

새 나라의 기틀을 다진 고려

③ 후대 왕들이 꼭 지켜야 할 열 가지 가르침인 (          )를 남겼다.

고려의 국가 정책에 큰 영향을 주었다.

④ 중국에서 건너온 ( )가 건의해 958년에 처음 실시했다.

광종

과거 제도 실시

가문이 좋지 않더라도 과거를 치러 급제하면 관리가 될 수 있었다.

과거로 새로운 관리들을 뽑아 그동안 관직을 차지했던 호족 세력을 누르고, 왕의 힘을 키웠다.

⑤ 최승로가 '나라에서 지금 해야 할 정책 28가지'라는 뜻의 ( )를 올렸다.

성종

⑥ 유학을 가르치기 위해 개경에 국립 교육 기관인 ( )을 세웠다.

⑦ 지방에 ( )을 설치하고 관리를 보내, 왕의 뜻대로 지방을 다스리며 호족 세력을 눌렀다.

보 기   결혼  12목  훈요십조  국자감  시무 28조  쌍기  기인

고려 시대

# 고려와
# 이웃 나라

**서희의 외교 담판**
993년
서희가 거란의 장수를 만나 옳고 그름을
따져 물었어요.

**제8대 왕, 현종 즉위**
1010년
고려 제8대 왕, 현종이 왕위에 올랐어요.

**귀주 대첩**
1019년
강감찬이 거란의 침략에 맞서 싸웠어요.

**제15대 왕, 숙종 즉위**
1095년
고려 제15대 왕, 숙종이 왕이 되었어요.

**주전도감 설치**
1097년
숙종이 화폐를 만드는 일을 하는 주전도감을
설치했어요.

**해동통보 만듦**
1102년
숙종이 화폐 사용을 늘리기 위해 해동통보를
만들었어요.

# 10 고려는 주변 나라들과 어떤 관계를 맺었을까?

고려가 가장 활발하게 교류한 나라는 바로 중국의 송나라였어요. 송나라는 북쪽의 거란과 여진을 견제하기 위해 고려와 가깝게 지내고 싶어 했어요. 고려도 사신을 보내 정식으로 송나라와 외교 관계를 맺고 평화로운 관계를 유지했지요.

처음에 고려는 북쪽의 거란과 자주 부딪쳤어요. 고려의 북진 정책 때문이었어요. 게다가 거란이 발해를 멸망시키자 관계가 더욱 나빠졌어요. 고려는 고구려 유민인 대조영이 세운 발해를 형제의 나라로 여겼기 때문이에요. 하지만 거란은 고려와 잘 지내고 싶어 했어요. 태조 왕건 때 외교 관계를 맺자며 사신과 함께 낙타 50마리를 선물로 보내왔지요. 고려는 이를 받아들이지 않고, 사신을 섬으로 유배 보내고 낙타를 굶겨 죽였어요. 이후 거란은 993년부터 세 차례나 고려에 쳐들어왔어요.

여진은 말갈족으로 불리며 발해에서 살았는데, 발해가 멸망한 뒤에는 만주 지역에 흩어져 살았어요. 처음에 여진과 고려의 사이는 나쁘지 않았어요. 여진이 고려를 부모의 나라로 섬기며 말과 가죽 등을 바쳤기 때문이에요. 그러나 점차 세력을 키운 여진이 고려의 국경을 위협해 와 고려와 충돌하게 되었어요. 그 뒤 여진은 더욱 강해져 금나라를 세우더니, 고려에게 신하의 나라가 될 것을 요구했어요.

일본과는 나라끼리의 교류는 활발하지 않았어요. 하지만 상인들끼리는 오고 가며 물건을 사고팔았어요.

**송나라** 당나라가 멸망한 뒤 혼란을 이겨 내고 중국을 통일한 나라.
**견제** 어떤 작용으로 상대편이 지나치게 세력을 펴거나 자유롭게 행동하지 못하도록 함.
**유배** 죄인을 먼 곳으로 보내 세상과 떨어져 지내게 하는 벌. 귀양이라고도 함.

**1** 글을 읽으면서 빈칸에 들어갈 알맞은 말을 쓰세요.

고려는 [ ] 을 보내 정식으로 [ ] 와 외교 관계를 맺었어요.

**2** 처음에 고려가 거란과의 관계가 좋지 않았던 이유를 써 보세요. …수행평가대비

- - - - - - - - - - - - - - - - - - - - - - - - - - - - - - - - - - -

**3** 태조 왕건 때 거란과 있었던 일을 고르세요. ( )

① 거란에 고려 상인이 가서 물건을 사고팔았어요.
② 거란에 사신을 보내 외교 관계를 맺었어요.
③ 거란에게 말과 가죽을 받았어요.
④ 거란의 사신을 섬으로 유배 보내고 선물로 받은 낙타 50마리를 굶겨 죽였어요.

**4** 고려는 주변 나라들과 어떤 관계였는지 알맞은 말에 ○ 하세요.

- 고려는 송나라와 ( **평화롭게 지냈어요** / **전쟁을 했어요** ).
- 고려는 거란과 ( **평화롭게 지냈어요** / **전쟁을 했어요** ).

**5** 고려와 여진의 관계 변화에 맞게 순서대로 번호를 쓰세요.

- 여진은 점차 세력을 키우면서 고려의 국경을 위협했어요. ( )
- 여진은 고려를 부모의 나라로 섬겼어요. ( )
- 여진은 더욱 강해져 금나라를 세웠어요. ( )
- 금나라는 고려에게 신하의 나라가 될 것을 요구했어요. ( )

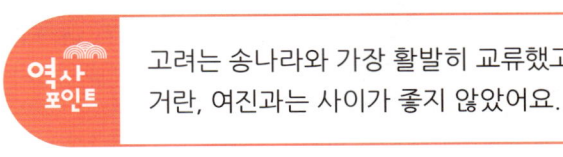

역사포인트 고려는 송나라와 가장 활발히 교류했고, 거란, 여진과는 사이가 좋지 않았어요.

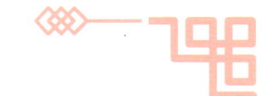

# 외국 상인들도 찾았던 벽란도

고려 시대에는 바닷길을 통해 주변 나라와 활발히 무역을 했어요. 송나라 상인들은 여러 척의 배를 몰고 황해를 건너서 고려의 벽란도에 왔어요. 예성강 하구에 있는 항구 벽란도는, 고려의 도읍인 개경과 가깝고 물이 깊어 큰 배가 드나들기 좋았어요. 여러 가지 장점 때문에 벽란도에는 송나라 상인들뿐 아니라 일본, 아라비아 상인들까지 드나들게 되었어요. 벽란도는 외국 상인들로 늘 붐볐고, 외국에서 온 다양한 물건들이 넘치는 국제 무역항으로 발전했어요.

송나라 상인들은 비단·약재·서적·자기 등을 고려에 가져와 팔았고, 고려에서 금·은·나전 칠기·화문석·인삼·종이·먹 등을 사 갔어요. 특히 고려의 인삼은 인기가 아주 많았어요.

아라비아 상인들은 송나라 상인과 함께 고려에 왔어요. 아라비아 상인들은 고려에 수은·향료 등을 가져왔고, 고려에서 금·은·비단을 가져갔어요. 아라비아 상인들은 고려를 '코리아'라고 불렀는데, 이들에 의해 코리아가 머나먼 외국에도 알려졌어요.

외국 상인들 덕분에 고려의 도읍인 개경도 국제적인 도시가 되었어요. 벽란도로 들어온 외국 상인들과 사신들은 끊임없이 개경을 오갔어요. 외국 상인들은 가져온 물건을 직접 시장에 늘어놓고 팔기도 했어요. 개경의 시장은 온갖 물건과 다양한 사람들로 넘치며 활기를 띠었어요.

**아라비아** 아시아 서남부 페르시아만, 인도양, 아덴만, 홍해에 둘러싸인 지역.
**나전 칠기** 광채가 나는 조개껍데기 조각을 여러 가지 모양으로 붙인 공예품.
**화문석** 왕골이란 풀을 여러 가지 색으로 물들여, 꽃무늬 등을 놓아 짠 돗자리.

**1** 고려 시대에 국제 무역항이 된 곳은 어디인지 쓰세요.

| | | |
|---|---|---|
| | | |

**2** 벽란도에 대한 설명으로 옳지 <u>않은</u> 것을 고르세요. (　　　　　)

① 예성강 하구에 있는 항구로, 물이 깊어 큰 배가 드나들기 좋았어요.

② 고려의 도읍인 개경과 가까웠어요.

③ 송나라 상인들만 드나들었어요.

④ 외국 상인들과 외국에서 온 다양한 물건들이 넘쳤어요.

**3** 괄호에 들어갈 물건을 모두 찾아 ◯ 하세요.

송나라 상인들은 고려에서 (　　　　)을(를) 사 갔어요.

> 수은　나전 칠기　화문석　서적　인삼　종이　향료　먹　금

**4** 글을 읽으면서 밑줄에 들어갈 알맞은 말을 쓰세요.

아라비아 상인들은 ＿＿＿＿＿＿＿＿ 등을 가져왔고, 고려에서 ＿＿＿＿＿＿＿＿ 등을 가져갔어요.

**5** 코리아가 외국에 어떻게 알려지게 되었는지 써 보세요.

＿＿＿＿＿＿＿＿＿＿＿＿＿＿＿＿＿＿＿＿＿＿＿＿＿＿＿＿＿＿＿＿＿

＿＿＿＿＿＿＿＿＿＿＿＿＿＿＿＿＿＿＿＿＿＿＿＿＿＿＿＿＿＿＿＿＿

> **역사 포인트** 고려의 벽란도는 송나라와 일본뿐 아니라 아라비아 상인들까지 오가는 국제 무역항이 되었고, 개경은 국제적인 도시가 되었어요.

# 우리나라 최초의 화폐를 만든 고려

　국제 도시로 발달하게 된 고려의 수도 개경에는 점점 많은 외국인들이 찾아왔어요. 고려는 외국과 무역이 활발해지고, 상업과 수공업이 발달해 물건을 사고팔 일이 많아지자 화폐의 필요성을 느끼게 되었어요.

　996년, 성종 때 우리나라 최초의 화폐인 건원중보를 만들었어요. 건원중보는 동그란 모양으로, 가운데에 네모난 구멍이 나 있었어요. 하지만 귀족들의 반대가 심한 데다가 백성들이 물건을 사고팔 때 여전히 익숙한 쌀이나 삼베 등을 사용해 제대로 쓰이지는 못했어요.

　100여 년이 지난 뒤 송나라에 다녀온 의천이 숙종에게 건의했어요.

　"전하, 송나라에서는 금속으로 화폐를 만들어 편리하게 사용하고 있습니다. 고려에서도 쌀과 옷감 대신 화폐를 많이 사용하면 보관과 운반이 편리할 것입니다."

　숙종은 주전도감을 설치해 본격적으로 화폐를 만들었어요. 해동통보, 해동중보, 삼한통보, 동국통보 등 다양한 화폐를 만들었지요. 또 적극적으로 화폐 사용을 늘리려고 노력했어요. 관리와 군인에게 화폐로 월급을 주고, 개경의 가게들에서도 사용하도록 했어요. 또 은 한 근으로 호리병 모양의 화폐인 은병도 만들었어요. 은병은 그 가치가 매우 커서 주로 다른 나라와 무역할 때 사용했어요.

　고려 시대에는 다양한 화폐를 만들고 화폐 사용을 늘리려고 노력했지만 널리 쓰이지는 못했어요. 백성들이 화폐보다는 여전히 쌀이나 삼베를 사용했기 때문이에요.

건원중보　　　　　해동통보　　　　　은병

 **의천** 중국 송나라에서 유학하고 돌아와 천태종을 만든 승려로 대각 국사가 됨.
**숙종** 고려의 제15대 왕.
**주전도감** 화폐를 만드는 일을 맡아 하던 관아.

**1** 고려에서 화폐를 만들게 된 이유를 써 보세요.  ...

- - - - - - - - - - - - - - - - - - - - - - - - - - - - - - - - - - - - - -

**2** 우리나라 최초의 화폐 이름이 되도록 글자에 색칠하고, 빈칸에 쓰세요.

| 건 | 해 | 원 | 중 | 통 | 보 |

| | | | |

**3** 숙종이 한 일을 모두 고르세요. (        ,        )

① 의천의 건의를 받아들여 부석사를 지었어요.

② 주전도감을 설치하고 다양한 화폐를 만들었어요.

③ 화폐 대신 쌀과 삼베를 사용하라고 권했어요.

④ 해동통보를 만들어 관리와 군인에게 월급으로 주었어요.

**4** 숙종이 만든 화폐 이름을 두 가지 쓰세요.

| | | | | ,    | | | | |

**5** 글을 읽고, 고려에서 다른 나라와 무역할 때 주로 사용한 화폐는 무엇인지 쓰세요.

| 은 한 근으로 만든 호리병 모양의 화폐 |    | | |

 역사 포인트    고려는 외국과 무역이 활발해지고 상업과 수공업이 발달하면서 건원중보, 해동통보 등 다양한 화폐를 만들었어요.

# 칼보다 강한 말! 서희의 외교 담판

993년, 거란이 80만 대군을 이끌고 고려에 쳐들어왔어요. 거란의 갑작스런 침입에 당황한 고려의 신하들은 무조건 항복하자고 했어요. 그러나 서희의 생각은 달랐어요.

"전하, 제게 기회를 주십시오. 제가 거란의 장수 소손녕을 만나 담판을 짓겠습니다."

서희는 거란의 진영으로 찾아가 소손녕과 마주 앉았어요.

"거란은 고구려의 땅에 세워진 나라가 아닌가? 그러니 고려가 차지하고 있는 옛 고구려 땅은 당연히 우리 거란의 것이다! 어서 내놓아라!"

거드름을 피우며 말하는 소손녕에게 서희는 당당하게 말했어요.

"고려야말로 고구려를 계승한 진짜 고구려의 후손이다. 그래서 나라 이름도 고려이다. 거란은 지금 차지하고 있는 옛 고구려 땅을 고려에게 당장 돌려줘라."

예상하지 못한 서희의 말에 소손녕은 기세가 꺾인 듯 말했어요.

"고려는 왜 국경을 가까이 하고 있는 거란과는 교류하지 않고, 바다 건너 멀리 있는 송나라와만 교류하는 것이오?"

"그야, 거란으로 가는 길인 압록강 유역을 여진이 차지하고 있기 때문이오. 거란이 여진을 쫓아내어 그곳이 다시 고려의 땅이 되면 거란과 교류하겠소."

서희의 말을 들은 소손녕은 고개를 끄덕였어요.

얼마 뒤 거란군이 순순히 물러났어요. 고려는 송나라와의 관계를 끊고 거란과 교류할 것을 약속했고, 거란은 압록강 유역의 땅을 고려에게 내주었지요.

고려는 거란과 전쟁을 치르지 않고 서희의 담판으로 압록강 유역의 강동 6주 땅을 얻게 되었어요.

**역사 용어**
**서희** 고려의 문신.
**담판** 서로 맞서고 있는 두 편이 만나 옳고 그름을 따져서 판단함.
**강동 6주** 평안북도 해안 지역인 흥화진, 용주, 통주, 철주, 귀주, 곽주를 가리킴.

**1** 거란군이 고려에 쳐들어왔을 때 서희는 어떤 생각을 했는지 고르세요. (　　　　　)

① 무조건 거란에 항복하려고 했어요.

② 거란의 장수 소손녕을 만나 담판을 지으려고 했어요.

③ 거란군과 싸워 이기려고 했어요.

④ 거란의 장수 소손녕을 만나 싸우려고 했어요.

**2** 소손녕이 한 말을 읽고, 서희가 무엇이라고 대답했는지 써 보세요.

옛 고구려 땅은 우리 거란 것이다. 내놓아라!

소손녕

서희

**3** 고려가 거란과 교류하지 않은 이유는 무엇인지 써 보세요.

_____

**4** 고려는 거란이 순순히 물러나자 어떠한 약속을 했는지 괄호에 들어갈 알맞은 말을 쓰세요.

고려는 (　　　　　　　)와의 관계를 끊고, (　　　　　　　)과 교류하겠다.

**5** 서희의 담판으로 고려는 무엇을 얻었는지 빈칸에 쓰세요.

압록강 유역의 [　　　　　　] 땅을 얻었어요.

역사 포인트　고려는 서희의 담판으로 압록강 유역의 강동 6주 땅을 얻었어요.

# 강감찬의 귀주 대첩

고려는 거란과의 약속을 지키지 않고 송나라와 계속 교류했어요. 그러자 화가 난 거란은 1018년에 강동 6주를 돌려 달라며 10만 대군을 이끌고 다시 고려에 쳐들어왔어요. 993년에 쳐들어온 것을 시작으로 이번이 세 번째였어요.

고려의 장군 강감찬은 군사를 이끌고 흥화진으로 갔어요. 그리고 거란의 장수 소배압이 이끄는 거란군이 오기 전에 삼교천의 강물을 쇠가죽으로 막고 군사들을 산에 숨게 한 뒤 거란군을 기다렸어요. 아무것도 모르고 삼교천에 도착한 거란군은 의심 없이 얕은 강을 건너기 시작했어요. 그때 강감찬이 명령했어요.

"바로 지금이다! 당장 쇠가죽을 찢어라!"

쇠가죽으로 막아 두었던 강물이 순식간에 거란군을 덮쳤어요. 숨어 있던 고려군도 모두 나와 물속의 거란군을 공격했지요. 거란군은 크게 패하고 말았어요.

하지만 소배압은 돌아가지 않았어요. 남은 군사를 이끌고 고려의 도읍인 개경으로 향했어요. 강감찬은 미리 개경으로 가는 길목마다 백성들을 대피시키고, 식량과 물을 모두 없애 버렸어요. 거란군은 개경 근처까지 왔지만 먹고 마시지 못해 배고프고 지쳐서 싸울 수가 없었어요. 결국 소배압은 군사를 되돌릴 수밖에 없었지요.

강감찬은 되돌아가는 거란군을 공격하며 계속 쫓아갔어요. 그러던 중 귀주에서 거란군과 맞붙었어요. 지칠 대로 지쳐 버린 거란군은 고려군에게 힘 한번 쓰지도 못하고 크게 패하고 말았어요. 이것을 '귀주 대첩'이라고 해요. 강감찬의 뛰어난 활약으로 더 이상 거란은 고려에 쳐들어오지 않았어요.

강감찬 동상

흥화진 지금의 평안북도 의주로, 강동 6주 중 하나.
소배압 1010년, 거란의 두 번째 고려 침입 때 개성을 차지했던 거란의 장수.
귀주 평안북도에 있는 강동 6주의 하나.

**1** 거란이 세 번째로 고려에 쳐들어온 이유에 맞게 빈칸에 들어갈 말을 쓰세요.

거란은 [　　　　　　]를 돌려 달라며 고려에 쳐들어왔어요.

**2** 강감찬이 흥화진에서 거란군을 어떻게 공격했는지 고르세요. (　　　　)

① 불을 피워 거란군을 강으로 몰아낸 뒤 공격했어요.
② 배를 타고 강을 건너는 거란군을 공격했어요.
③ 거란군이 강을 건널 때 강물을 막은 쇠가죽을 찢은 뒤 공격했어요.
④ 성안에 숨어 있다가 갑자기 나타나 화살을 쏘아 대며 공격했어요.

**3** 강감찬이 미리 개경으로 가는 길목마다 식량과 물을 모두 없앤 이유를 쓰세요.

거란군이

----

**4** 주어진 말을 이용해 귀주 대첩에 대해 설명하는 글을 써 보세요. ···수행평가 대비

강감찬　귀주
후퇴　거란군

----

**5** 강감찬의 군대와 거란군이 싸움을 한 장소를 두 곳 쓰세요.

[　　|　　|　　] , [　　|　　]

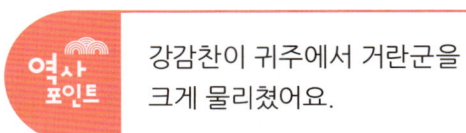

역사 포인트  강감찬이 귀주에서 거란군을 크게 물리쳤어요.

# 독창적인 **고려청자**

고려청자는 맑고 투명한 푸른 빛깔의 비색으로 아름다워요. 중국의 송나라 사람들도 고려청자를 보고 "고려의 비색이 천하제일이다."라며 감탄했어요.

고려 사람들은 청자 만드는 기술을 더욱 발전시켜 고려만의 독창적인 상감 청자를 만들었어요. 상감 청자는 청자 표면에 그림을 그려서 파낸 자리에 다른 색깔의 흙을 메워, 구름, 학, 연꽃, 국화 등의 다양하고 화려한 무늬를 넣는 상감 기법으로 만든 청자예요.

청자 상감 운학문 매병

청자 상감 국화 무늬
잔과 잔받침

청자 상감 모란 구름
학 무늬 베개

청자 상감 모란문
표주박 모양 주전자

## 상감 청자는 어떻게 만들었을까?

1차 무늬 파기 | 흰 흙 바르기 | 흰 흙 긁어내기 | 2차 무늬 파기 | 붉은 흙 바르고 긁어내기 | 유약을 바른 뒤 구우면 **완성!**

역사 퀴즈

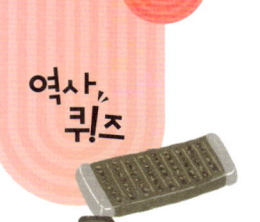

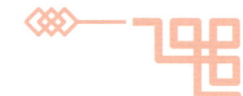

# 길을 찾아라!

상감 청자를 만드는 과정에 맞게 순서대로 길을 찾아가세요.

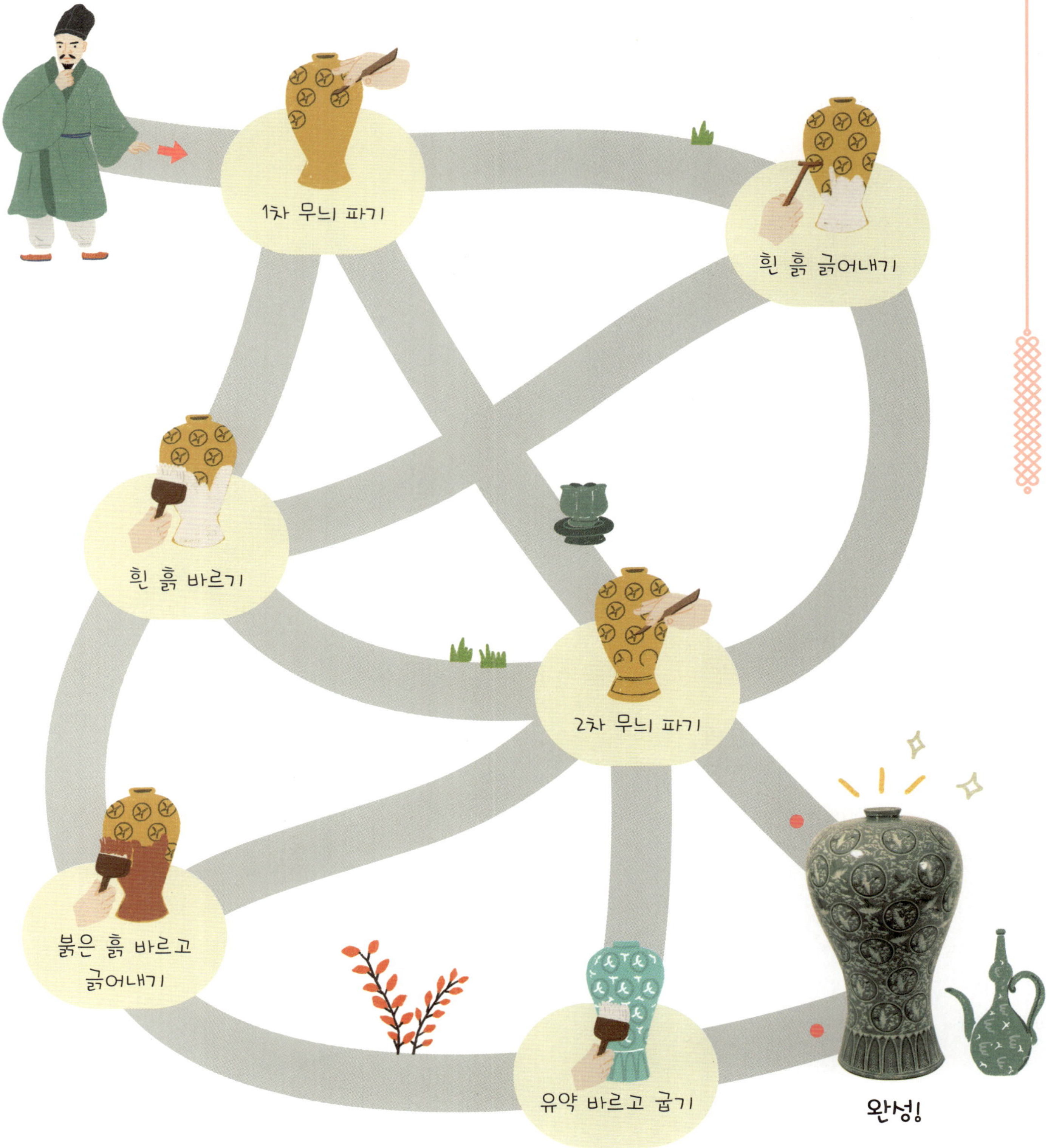
1차 무늬 파기
흰 흙 긁어내기
흰 흙 바르기
2차 무늬 파기
붉은 흙 바르고 긁어내기
유약 바르고 굽기
완성!

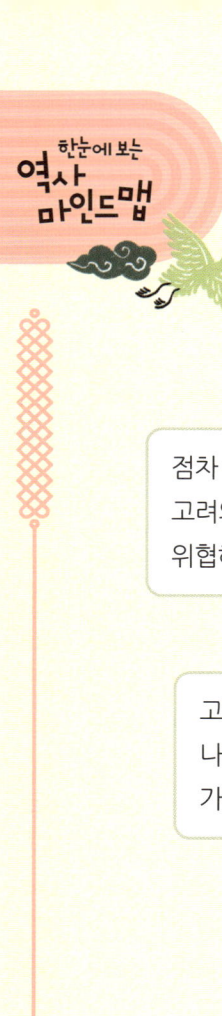

## 한눈에 보는 역사 마인드맵

괄호에 들어갈 알맞은 말을 **보기** 에서 찾아 쓰면서 '고려와 이웃 나라'에 대해 정리해 보세요.

### 고려와 이웃 나라

- **송나라**
  - ① 고려는 (        )을 보내 정식으로 외교 관계를 맺고 평화로운 관계를 유지했다.
- **여진**
  - 고려를 부모의 나라로 섬기며 말과 가죽 등을 바쳤다.
  - 점차 세력을 키우면서 고려의 국경을 자주 위협해 고려와 충돌했다.
- **거란**
  - 고려 초기에 북진 정책을 추진하며 자주 부딪쳤다.
  - **1차 침입**
    - 993년, 거란이 80만 대군을 이끌고 고려에 쳐들어왔다.
    - ② (        )가 담판을 벌여 압록강 유역의 (        ) 땅을 얻었다.
  - **3차 침입**
    - 거란이 강동 6주를 돌려 달라며 고려에 쳐들어왔다.
    - ③ (        )이 귀주에서 크게 거란군을 무찔렀다. 이 전투를 귀주 대첩이라고 부른다.

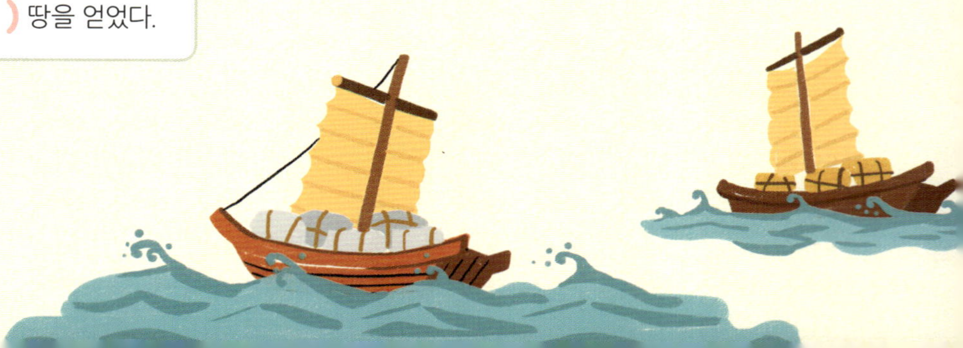

④ (          )는 송나라 상인들뿐 아니라 일본, 아라비아 상인들까지 드나드는 국제 무역항이었다.

⑤ 송나라 상인과 함께 온 아라비아 상인들이 고려를 (          )라고 불렀는데, 이들에 의해 코리아가 외국에 알려졌다.

**무역과 상업의 발달**

개경은 벽란도로 들어온 외국 상인들과 사신들이 끊임없이 오가는 국제적인 도시가 되었다.

**화폐**

다른 나라와 무역할 때에는 은 한 근으로 만든 호리병 모양의 화폐인 은병을 사용했다.

⑥ 996년, 성종 때 우리나라 최초의 화폐 (          )를 만들었다.

**일본**

고려와 교류가 활발하지 않았지만, 상인들은 오가며 물건을 사고팔았다.

⑦ 숙종이 (          )을 설치하고 해동통보, 삼한통보, 동국통보 등 다양한 금속 화폐를 만들었다.

**보기**  코리아  서희  강감찬  사신  벽란도  건원중보  강동 6주  주전도감

고려 시대

흔들리는
고려 사회

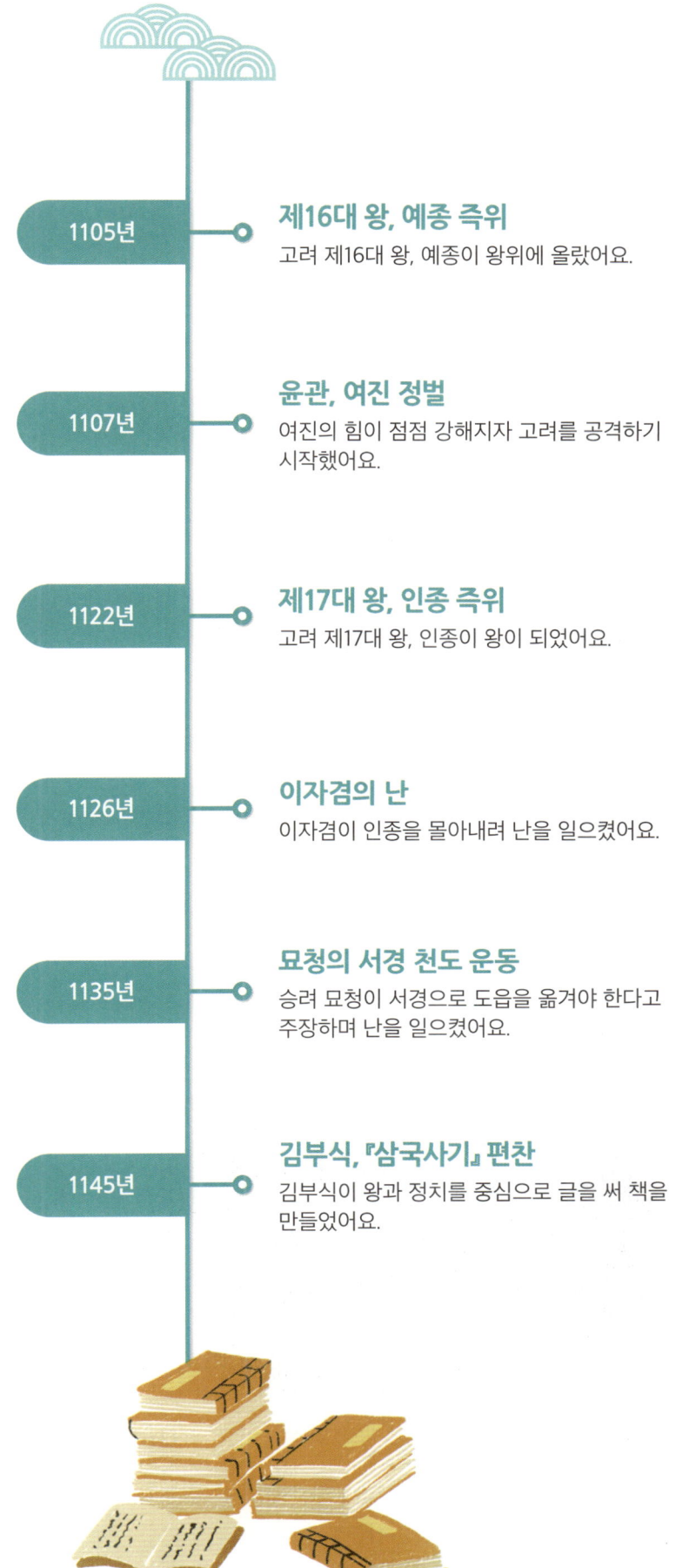

**1105년**

**제16대 왕, 예종 즉위**
고려 제16대 왕, 예종이 왕위에 올랐어요.

**1107년**

**윤관, 여진 정벌**
여진의 힘이 점점 강해지자 고려를 공격하기 시작했어요.

**1122년**

**제17대 왕, 인종 즉위**
고려 제17대 왕, 인종이 왕이 되었어요.

**1126년**

**이자겸의 난**
이자겸이 인종을 몰아내려 난을 일으켰어요.

**1135년**

**묘청의 서경 천도 운동**
승려 묘청이 서경으로 도읍을 옮겨야 한다고 주장하며 난을 일으켰어요.

**1145년**

**김부식, 『삼국사기』 편찬**
김부식이 왕과 정치를 중심으로 글을 써 책을 만들었어요.

# 15 불교를 중요하게 생각한 고려 사람들

고려 시대에는 불교, 유교, 도교 등 여러 종교가 발달했어요. 그 가운데서도 불교는 고려 초기부터 왕실의 보호와 지원을 받으며 크게 발전했어요.

고려 왕들은 나라 곳곳에 절을 세우고 불상과 탑을 만들었어요. 또 나라의 중요한 일은 국사를 맡은 승려와 의논했어요. 과거 시험에는 승려들이 보는 승과가 있었고, 왕자나 귀족의 자녀가 승려가 되기도 했어요.

또 연등회와 팔관회 같은 불교 행사를 크게 열어 백성들과 다 함께 즐겼어요. 연등회는 고려의 가장 큰 행사로, 전국에서 등불을 밝히며 부처의 가르침이 널리 퍼지기를 기원했어요. 팔관회는 개경과 서경에서 각각 열렸는데, 나라를 지키는 여러 신에게 제사를 지내며 나라의 평안을 비는 행사였어요. 팔관회가 열릴 때는 송나라와 아라비아 상인들은 물론이고 여진의 사신들도 참석해 고려 왕에게 축하 선물을 바쳤어요.

불교는 고려 백성들의 삶에 많은 영향을 주었어요. 백성들은 살아 있는 생명은 죽이지 말라는 부처의 가르침에 따라 주로 채소를 먹었고, 승려들처럼 차를 즐겨 마셨어요. 또 사람이 죽으면 불교식으로 장례를 치렀어요.

고려의 절은 종교적인 장소 역할만 한 것이 아니에요. 많은 상인이 절을 드나들며 물건을 사고팔아 지방 경제 활동의 중심지이기도 했어요. 승려들은 파, 마늘, 곡식 등을 길러서 팔았고, 때로는 술을 만들어 팔기도 했어요.

절은 왕실과 귀족으로부터 받은 땅과 더불어 활발한 경제 활동으로 점차 넓은 땅과 많은 재물을 가지게 되었어요.

영주 부석사 무량수전

통도사가 소유한 논과 밭의 경계에 세웠던 표지석인 양산 통도사 국장생 석표

역사 용어
국사 나라의 스승이 될 만한 승려에게 내려지는 칭호.
승과 승려를 대상으로 나라에서 실시한 과거.

**1** 고려 시대에 여러 종교 가운데 불교가 크게 발전한 이유를 써 보세요.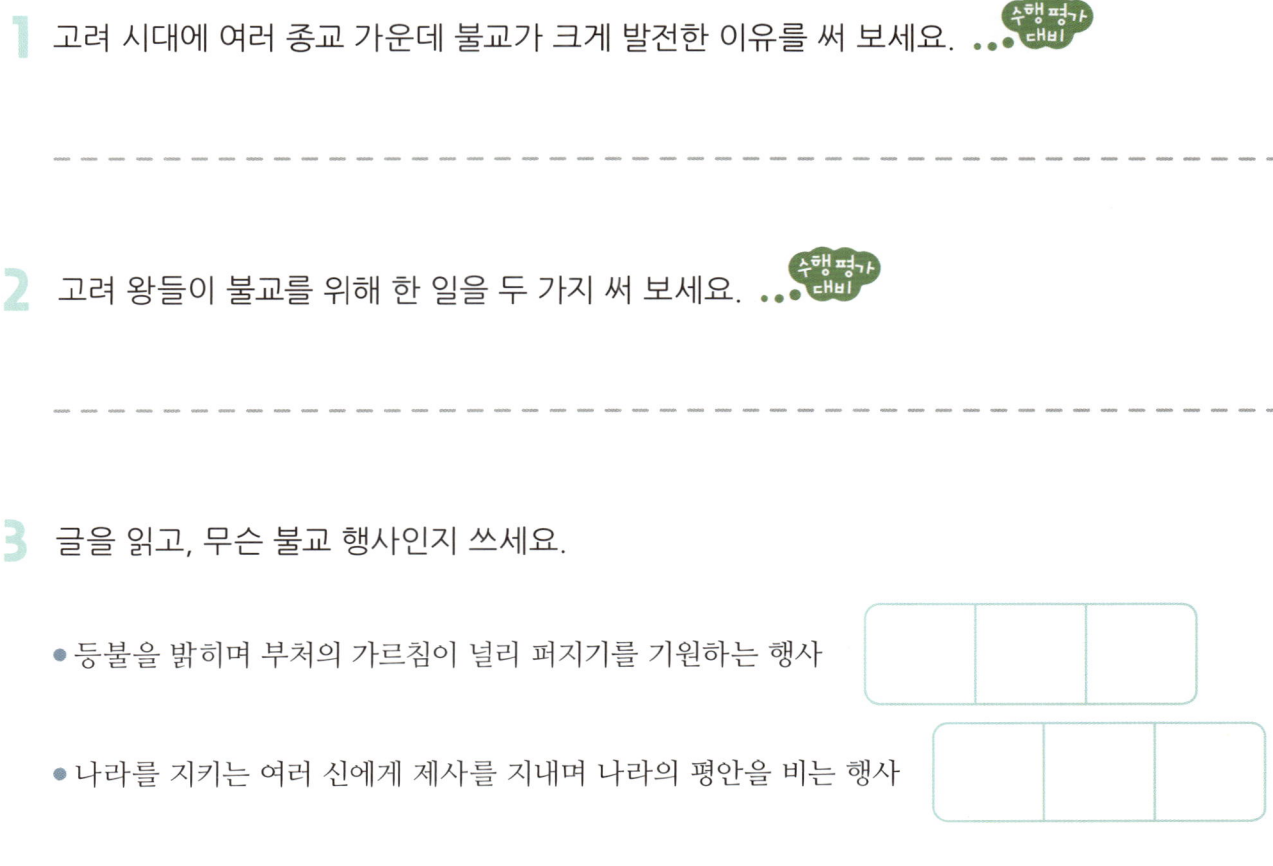

- - - - - - - - - - - - - - - - - - - - - - - - - - - - - - - - - - - - - - -

**2** 고려 왕들이 불교를 위해 한 일을 두 가지 써 보세요.

- - - - - - - - - - - - - - - - - - - - - - - - - - - - - - - - - - - - - - -

**3** 글을 읽고, 무슨 불교 행사인지 쓰세요.

- 등불을 밝히며 부처의 가르침이 널리 퍼지기를 기원하는 행사
  |  |  |  |
  |---|---|---|

- 나라를 지키는 여러 신에게 제사를 지내며 나라의 평안을 비는 행사
  |  |  |  |
  |---|---|---|

**4** 글을 읽으면서 알맞은 말에 ○ 하세요.

- 과거 시험에 승려들이 보는 ( **승과** / **불과** )가 있었어요.

- 왕자나 귀족의 자녀가 ( **신하** / **승려** )가 되기도 했어요.

**5** 고려 시대의 절에 대한 설명으로 옳지 <u>않은</u> 것을 고르세요. (　　　　)

① 많은 상인이 절에 드나들며 물건을 사고팔았어요.
② 절은 왕실과 귀족으로부터 땅을 받았어요.
③ 승려들이 술을 만들어 팔기도 했어요.
④ 절에서 백성들에게 땅을 무료로 나누어 주었어요.

 **역사 포인트**　불교가 왕실의 보호와 지원을 받으며 크게 발전해 연등회, 팔관회 같은 불교 행사가 크게 열렸어요. 절은 경제 활동을 하며 점차 넓은 땅과 재물을 가지게 되었어요.

# 불교계를 통합하려 노력한 대각 국사 의천

의천의 원래 이름은 후로, 고려의 제11대 왕인 문종의 넷째 아들이었어요. 하루는 문종이 왕자들을 불렀어요.

"너희들 가운데 승려가 되어 부처의 가르침을 배울 사람이 있느냐?"

"아바마마, 제가 하겠습니다."

열한 살인 후가 대답했어요.

후는 절로 들어가 '의천'이란 법명을 받고 불교 경전을 열심히 공부했어요. 똑똑한 의천은 승려가 된 지 2년 만에 승통의 자리에 올랐어요.

'송나라에 가면 불교에 대해 더 깊이 배울 수 있지 않을까?'

의천은 불교가 앞선 송나라에 가서 공부하고 싶었어요. 하지만 송나라를 미워하는 거란과 고려 사이를 걱정하던 사람들이 반대했어요. 포기하지 않고 때를 기다리던 의천은 제자 둘과 함께 배를 타고 송나라로 갔어요. 송나라에 간 의천은 여러 절을 찾아다니며 학문이 높은 승려들을 만났어요. 그들에게 부처의 가르침에 대한 이야기를 들으며 열심히 공부했지요. 의천은 송나라에 간 지 1년 뒤인 1086년에 3,000여 권의 책을 가지고 고려로 돌아왔어요.

흥왕사의 주지 스님이 된 의천은 승려들과 함께 수천 권의 불교 서적을 연구했어요. 그리고 수많은 불교 경전을 종합한 속장경인 『교장』을 펴냈어요. 또 불교계를 하나로 통합하기 위해 교종과 선종을 아우르는 천태종도 만들었어요.

의천은 도를 닦아 크게 깨달았다는 뜻의 '대각 국사'로 불리며 많은 사람에게 존경을 받았어요.

대각 국사 의천

**1** 의천에 대한 설명으로 옳지 <u>않은</u> 것을 고르세요. (          )

① 문종의 넷째 아들이었어요.　　　　② 열한 살에 승려가 되었어요.

③ 의천이란 법명을 받기 전 이름은 후였어요.　　④ 승려가 된 지 2년 만에 왕의 자리에 올랐어요.

**2** 의천이 송나라로 가려고 한 이유를 써 보세요.

송나라에 가서

-------------------------------------------------------------------

**3** 송나라에서 돌아온 의천이 한 일을 두 가지 써 보세요. ...수행평가 대비

-------------------------------------------------------------------

-------------------------------------------------------------------

**4** 의천이 천태종을 만든 이유가 무엇인지 써 보세요.

-------------------------------------------------------------------

**5** 다음 의미를 담아 의천을 부르는 말을 괄호에 쓰세요.

도를 닦아 크게 깨달았다는 뜻이에요.

(          ) 의천

역사 포인트　의천은 송나라에서 불교를 공부하고 돌아와 『교장』을 펴냈고, 천태종을 만들었어요. 대각 국사라고 불리며 사람들에게 존경을 받았어요.

# 17

# 윤관이 별무반을 만든 까닭은 무엇일까?

고려는 귀주 대첩 이후 100년 동안 큰 전쟁 없이 평화로운 나날을 보냈어요. 그런데 만주 지역에 흩어져 있던 여진이 세력을 키우면서 불길한 기운이 감돌기 시작했어요. 본래 여진은 고려를 부모의 나라로 섬겨 왔고, 고려는 그런 여진을 얕잡아 보았어요.

1104년, 함경도 정주 지방에서 고려군과 여진족이 맞붙는 일이 벌어졌어요. 그동안 여진을 만만하게 보고 있던 고려군은 크게 지고 말았어요. 전투를 이끌었던 윤관은 숙종에게 말했어요.

"폐하, 고려군은 걸어서 싸우는데 여진족은 말을 타고 싸워 재빠릅니다. 고려도 새로운 부대를 만들어야 여진을 이길 수 있습니다."

숙종은 윤관의 건의를 받아들여 '별무반'이라는 특수 부대를 만들었어요. 1107년, 윤관은 별무반을 이끌고 고려의 동북 지역에서 드디어 여진족을 몰아냈어요. 고려는 동북 지역에 아홉 개의 성을 쌓고 동북 9성이라 부르며 고려 백성들을 살게 했어요.

동북 9성을 지키는 일은 생각보다 만만치 않았어요. 여진은 이 지역을 돌려달라며 계속 공격해 왔어요. 고려는 계속된 침입을 막아 내기가 어려워 결국 여진에게 이 지역을 돌려주고 말았어요.

얼마 뒤 여진은 금나라를 세워 거란이 세운 요나라를 무너뜨리고 송나라마저 위협했어요. 기세가 등등해진 금나라는 고려에게 신하의 나라가 될 것을 요구하기 시작했어요.

「척경입비도」
윤관이 여진을 물리친 뒤
'고려지경'이라고 새긴 비석을
세워 국경선을 표시한 일을 그린 그림

역사
용어

윤관 고려의 문신이며 장군.
별무반 여진을 물리치기 위해 조직된 부대로, 주로 말을 타고 싸우는 기병임.

**1** 여진과 싸우기 위해 윤관의 건의로 만들어진 특수 부대의 이름을 쓰세요.

|  |  |  |
|--|--|--|
|  |  |  |

**2** 글을 읽으면서 동북 9성은 무엇인지 괄호에 들어갈 알맞은 말을 쓰세요.

고려의 (                    ) 지역에 (                    )의 성을 쌓고 백성들을 살게 한 지역의

이름이에요.

**3** 고려가 동북 9성을 여진에게 돌려준 이유는 무엇인지 써 보세요. ···😊 수행평가 대비

-----------------------------------------------------------------

**4** 고려와 여진 사이에 일어난 일의 순서대로 번호를 쓰세요.

- 여진이 계속 쳐들어와 고려는 여진에게 동북 9성을 돌려주었어요. ─────────── (          )
- 고려가 여진족을 몰아내고 차지한 땅에 동북 9성을 쌓았어요. ─────────── (          )
- 윤관이 별무반을 이끌고 여진족을 몰아냈어요. ─────────────── (          )
- 고려의 함경도 정주 지방에서 고려군과 여진족이 맞붙었어요. ─────────── (          )

**5** 고려와 여진의 관계가 어떻게 바뀌었는지 빈칸에 들어갈 알맞은 말을 보기 에서 찾아 쓰세요.

보기
신하
부모

여진은 고려를 [          ] 의 나라로 섬겨 왔어요. 그러나 금나라를 세운 뒤,

고려에게 [          ] 의 나라가 될 것을 요구했어요.

> 역사 포인트
> 윤관이 별무반을 이끌고 여진족을 몰아낸 뒤, 고려는 동북 9성을 쌓았어요.
> 그러나 여진이 계속 쳐들어와 고려는 이 지역을 여진에게 돌려주고 말았어요.

# 18

# 고려의 지배 세력 문벌 귀족

고려를 세우는 데 큰 역활을 한 호족들은 고려가 평화로울 때 세력을 키워 문벌 귀족으로 성장했어요.

문벌 귀족이 세력을 키우는 데 도움을 준 것은 음서 제도와 공음전이에요. 음서는 할아버지나 아버지 등 조상이 큰 공을 세우거나 높은 관직에 오르면 그 자손들은 과거를 보지 않고도 관리가 될 수 있는 제도였어요. 공음전은 5품 이상의 높은 관리들에게 나라에서 주는 땅으로, 자손에게 물려줄 수 있었어요.

이렇게 음서 제도와 공음전 덕분에 문벌 귀족은 많은 재산을 가지고 호화롭게 살았어요. 수백 칸의 넓은 집에서 비단옷을 입고 좋은 차를 마셨지요. 또 값비싼 청자로 집 안 곳곳을 장식하고, 은으로 만든 병과 잔, 나전 칠기로 장식한 화려한 물건들을 사용했어요.

문벌 귀족의 사치가 심해질수록 백성들의 삶은 힘들어졌어요. 백성들은 문벌 귀족이 사용할 물건을 계속 만들어야 했고, 세금을 더 내야 했기 때문이에요. 백성들 중에는 무거운 세금을 견디지 못해 고향을 등지고 떠돌아다니는 사람들이 생겼어요.

문벌 귀족의 권력이 점점 커지다 보니, 왕의 자리를 넘보는 문벌 귀족까지 생겼지요. 여진의 위협으로 위태로운 상황인데도 문벌 귀족은 고려를 더욱 불안하게 했어요.

은제 금도금 잔과 잔받침

은제 도금 팔찌

나전 칠기함

 **역사 용어**　**권력** 나라나 조직을 마음대로 움직일 수 있는 능력.
**위협** 힘으로 협박함.

**1** 문벌 귀족이 누구인지 설명하는 글을 써 보세요. ···· 수행평가 대비

------------------------------------------

**2** 글을 읽고, 각각 무엇인지 알맞은 말을 보기 에서 찾아 쓰세요.

> **보기**
>
> 공음전
> 과거
> 음서

● 조상이 큰 공을 세우거나 높은 관직에 오르면 그 자손은
  과거를 보지 않고도 관리가 될 수 있는 제도예요.　　　　(　　　　　　　)

● 나라에서 5품 이상의 높은 관리에게 주는 땅으로,
  자손에게 물려줄 수 있어요.　　　　　　　　　　　　(　　　　　　　)

**3** 글을 읽으면서 알맞은 말에 ○ 하세요.

문벌 귀족은 ( **비단옷** / **삼베옷** )을 입고, 값비싼 ( **토기** / **청자** )로 집 안을 장식했어요.

**4** 문벌 귀족의 사치로 백성들이 힘든 이유를 써 보세요. ···· 수행평가 대비

------------------------------------------

------------------------------------------

**5** 문벌 귀족이 고려 사회에 일으킨 문제점으로 옳지 <u>않은</u> 것을 고르세요. (　　　　　)

① 백성들이 내야 하는 세금이 늘었어요.
② 왕을 도와 나라를 잘 다스렸어요.
③ 사치스러운 생활을 해서 백성들을 힘들게 했어요.
④ 권력이 커져서 왕의 자리까지 넘보는 문벌 귀족이 생겼어요.

>  **역사 포인트**　문벌 귀족은 음서와 공음전 덕분에 세력을 키울 수 있었어요.
> 권력이 점점 커져서 왕의 자리까지 넘보기도 했어요.

# 문벌 귀족, 이자겸의 난

경원 이씨 집안은 왕실과 혼인을 통해 고려의 대표 문벌 귀족으로 성장해서 최고의 권력을 휘둘렀어요. 이자겸의 두 딸은 모두 인종과 결혼했어요. 열네 살의 어린 나이에 왕이 된 인종은 장인인 이자겸의 말을 들을 수밖에 없었어요. 왕을 마음대로 조종하게 된 이자겸의 권력은 날이 갈수록 막강해졌어요.

어느 날, 세력이 커진 금나라는 고려에게 신하의 나라가 될 것을 요구해 왔어요. 인종과 수많은 신하는 반대했어요. 하지만 권력을 잡고 있던 이자겸은 금나라에 사신을 보내 신하의 나라가 되겠다고 했어요.

"이자겸을 이대로 두었다가는 고려가 망하고 말겠어."

인종은 이자겸을 몰아내기로 마음먹었어요. 하지만 안타깝게도 이자겸은 인종의 계획을 미리 알게 되었고, 1126년에 척준경과 함께 난을 일으켰어요. 궁궐에 불을 지른 이자겸은 왕을 지키던 군사들까지 모조리 없애 버렸어요. 결국 인종은 이자겸의 집에 갇혀 지내는 신세가 되었어요. 무서울 것이 없어진 이자겸은 왕처럼 나랏일을 마음대로 결정하고 지휘했어요.

인종은 조용히 때를 기다렸어요. 마침 이자겸과 척준경의 사이가 안 좋아졌다는 소문이 들려왔어요. 인종은 이 틈을 놓치지 않고 사람을 보내 척준경에게 도와 달라고 부탁했어요. 망설이던 척준경은 군사를 보내 이자겸을 잡아들였어요. 인종은 이자겸을 멀리 전라도 영광으로 귀양 보내고, 그의 두 딸도 왕비 자리에서 쫓아냈어요.

얼마 뒤 척준경에게도 궁궐에 불을 지른 죄를 물어 멀리 귀양 보냈어요. 이로써 이자겸의 난은 끝이 났어요.

 **인종** 고려의 제17대 왕.
**척준경** 이자겸과 사돈을 맺은 장군.

**1** 글을 읽으면서 빈칸에 들어갈 알맞은 말을 보기 에서 찾아 쓰세요.

보기

장군　　문벌 귀족

숙종　　인종

● 이자겸은 고려 최고의 [      ] 이었어요.

● 이자겸은 두 딸을 [      ] 에게 시집보냈어요.

**2** 인종이 이자겸을 몰아내려고 한 이유는 무엇인지 써 보세요. ··· 수행평가 대비

- - - - - - - - - - - - - - - - - - - - - - - - - - - - - - - - - - - - - - - - -

**3** 이자겸이 난을 일으키며 한 일을 모두 고르세요. (　　,　　,　　)

① 궁궐에 불을 지르고, 왕을 지키던 군사들을 모조리 없애 버렸어요.

② 여진족의 침입에 대비해 척준경과 함께 군사들을 훈련시켰어요.

③ 인종을 자신의 집에 가두었어요.

④ 왕처럼 나랏일을 마음대로 결정하고 지휘했어요.

**4** 글을 읽고, 누가 한 일인지 쓰세요.

이자겸과 난을 일으켰으나 인종을 도와 이자겸을 잡아들였어요. (　　　　)

**5** 인종이 이자겸을 잡아들이고 어떻게 했는지 써 보세요. ··· 수행평가 대비

● 이자겸을

- - - - - - - - - - - - - - - - - - - - - - - - - - - - - - - - - - - - - - - -

● 이자겸의 두 딸을

- - - - - - - - - - - - - - - - - - - - - - - - - - - - - - - - - - - - - - - -

역사 포인트
인종 때 문벌 귀족 이자겸이 척준경과 함께 난을 일으켰으나 실패했어요.

63

# 서경으로 고려의 도읍을 옮기자!

인종은 이자겸의 난을 진압한 뒤 문벌 귀족의 세력을 약화시키고 왕의 힘을 강화시키려고 했어요. 이때 서경에서 온 승려 묘청이 인종에게 수도를 옮기자고 건의했어요. 묘청은 산과 물, 땅을 보고 좋은 집터나 묏자리를 찾는 풍수지리에 능하기로 이름이 나 있었어요.

"개경은 땅의 기운이 약해졌습니다. 땅의 기운이 왕성한 서경으로 도읍을 옮겨야 합니다. 그리하면 금나라도 고려에 항복할 것입니다."

서경 출신 귀족들은 묘청의 의견에 찬성했어요. 그들은 금나라에 굽신거리는 개경 귀족들을 비판하며 새로운 정치를 하고자 했어요. 개경 귀족들에게 휘둘리던 인종도 기뻐하며 서경에 궁궐을 짓도록 했어요. 개경 귀족들은 강하게 반대했어요. 자신들의 모든 재산과 권력이 있는 개경을 떠날 수 없었기 때문이에요.

개경 귀족들의 반대에도 불구하고 서경에 대화궁이 완성되었어요. 인종이 대화궁을 둘러보려고 서경으로 가는 길에 갑자기 강한 비바람이 몰아치더니 말과 사람이 넘어져 크게 다치고 말았어요.

"불길합니다. 서경이 명당이라면 이런 일이 일어날 리 없습니다."

기회라고 생각한 개경 귀족들은 인종의 마음을 흔들었어요. 인종 또한 서경으로 도읍을 옮기는 일이 망설여졌어요.

수도를 옮기는 일이 어려워지자 묘청은 서경에서 난을 일으켰어요. 개경 귀족의 한 사람인 김부식은 서경 귀족들을 모두 없애고, 서경에 군대를 보내 묘청이 일으킨 난을 진압했어요. 서경으로 도읍을 옮겨 새로운 정치를 펼치려던 묘청과 서경 출신 귀족들의 꿈은 허무하게 무너져 버리고 말았어요.

 **역사 용어**

**대화궁** 1129년, 서경에 지어진 궁궐.
**김부식** 『삼국사기』를 펴낸 유학자로, 개경을 대표하는 문벌 귀족임.

**1** 묘청은 어떤 사람인지 괄호에 들어갈 알맞은 말을 쓰세요.

묘청은 산과 물, 땅을 보고 좋은 집터나 묏자리를 찾는 (　　　　　　　　　　　)에 능하기로 이름난

(　　　　　　　)였어요.

**2** 묘청이 한 말이 되도록 알맞은 말에 색칠하세요.

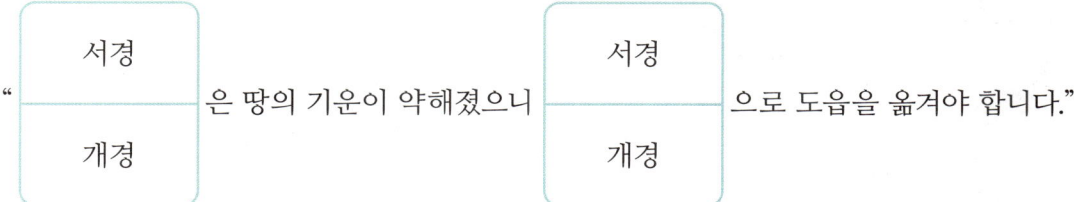

"　　서경 / 개경　　은 땅의 기운이 약해졌으니　　서경 / 개경　　으로 도읍을 옮겨야 합니다."

**3** 묘청의 말에 찬성한 쪽과 반대한 쪽이 누구인지 쓰고, 그 이유도 써 보세요.　수행평가 대비

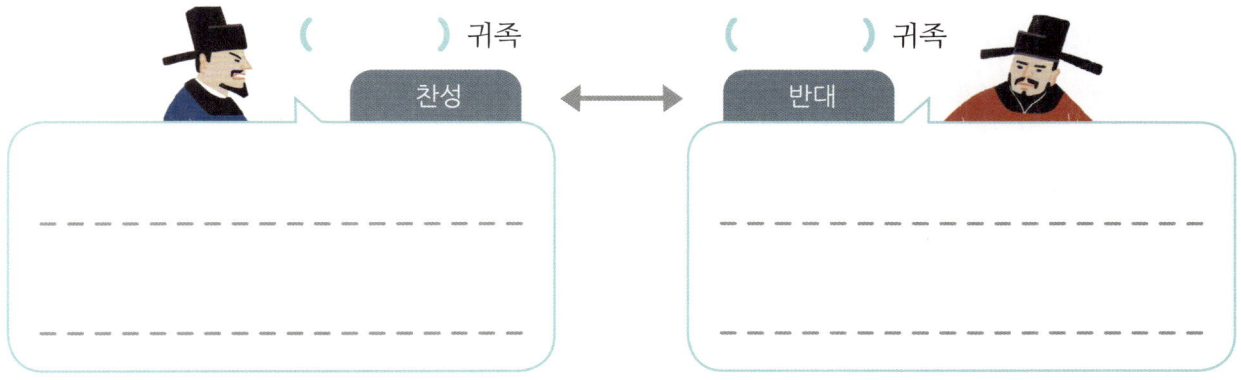

(　　　) 귀족　　　　　　　　　(　　　) 귀족

찬성 ⟷ 반대

**4** 서경으로 도읍을 옮기는 일이 어려워지자 묘청이 한 일을 쓰세요.

묘청은 서경에서 [　　　　　]을 일으켰어요.

**5** 묘청의 난을 진압한 사람이 누구인지 고르세요. (　　　　)

① 김유신　　　　　② 이자겸　　　　　③ 김부식　　　　　④ 강감찬

역사 포인트　묘청과 서경 출신 귀족들은 서경으로 도읍을 옮기려고 했지만, 개경 귀족들의 반대에 부딪쳐 실패했어요.

# 역사책『삼국사기』와『삼국유사』

고려 시대에 편찬한 역사책『삼국사기』와『삼국유사』는 서로 다른 방식으로
고구려·백제·신라의 삼국과 후삼국 시대의 역사를 기록하고 있어요. 두 역사책은 서로
다른 부분을 살펴볼 수 있어 우리 역사를 연구하는 데 귀중한 자료가 되고 있지요.

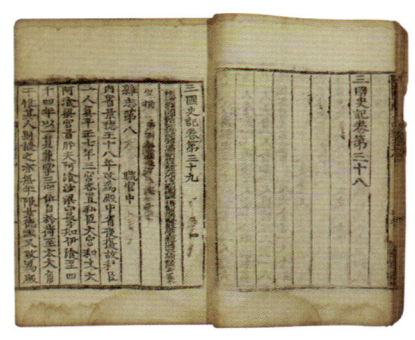

## 가장 오래된 역사책『삼국사기』

묘청의 난을 진압하고, 벼슬에서 물러난 김부식이 인종의 명으로 1145년에 편찬한 역사책이에요.
『삼국사기』는 유교적인 입장에서 왕과 정치를 중심으로 쓰여져 신화나 전설은 기록하지 않았어요.
또 중국의 역사책 형식을 본떠 본기, 연표, 지, 열전의 순서대로 구성되어 있어요.
오늘날 남아 있는 가장 오래된 역사책이에요.

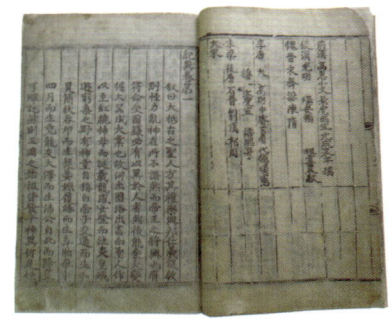

## 백성들의 삶이 담긴 역사책『삼국유사』

원나라가 고려의 정치에 간섭했을 때인 1281년 무렵부터 승려 일연이 쓴 역사책이에요. 일연은 몽골과의 오랜
전쟁과 원나라의 간섭으로 힘들고 지친 백성들에게 불교를 통해 어렵고 힘든 현실을 잊고, 역사를 통해 민족을
자랑스럽게 여기는 마음을 갖게 하기 위해 썼어요.
『삼국유사』에는 불교적인 입장에서 쓴 삼국의 역사 이외에 풍속, 노래, 신화, 전설 등 다양한 이야기가 담겨 있어요.
단군 신화도『삼국유사』에만 있어요.『삼국유사』는『삼국사기』에서 알 수 없는 당시 백성들의 생활 모습을
이해하는 데 매우 중요한 자료가 되고 있어요.

# 초성 퀴즈를 풀어라!

글을 읽고, 무엇인지 초성을 참고해 알맞은 답을 쓰세요.

오늘날 남아 있는 가장 오래된
역사책은?

인종의 명으로 역사책을 쓴 사람은?

백성들의 생활 모습을 이해하는 데
중요한 역사책은?

『삼국유사』에만 있는 이야기는?

## 한눈에 보는 역사 마인드맵

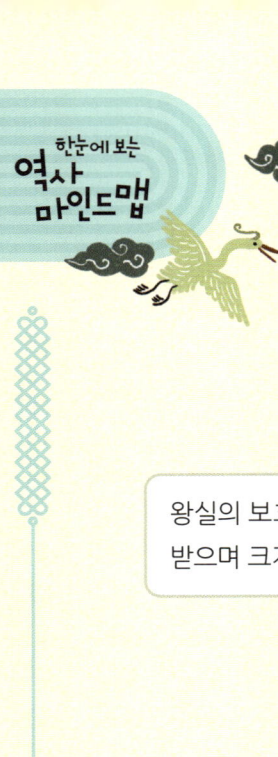

괄호에 들어갈 알맞은 말을 **보기** 에서 찾아 쓰면서 '고려의 불교'와 '흔들리는 고려 사회'에 대해 정리해 보세요.

### 고려의 불교

- 왕실의 보호와 지원을 받으며 크게 발전했다.
- ① 연등회와 (　　　　) 같은 불교 행사를 크게 열었다.
- 고려의 백성들은 불교의 영향으로 주로 채소를 먹고 차를 마셨다.
- ② 과거 시험에 승려들이 보는 (　　　　)가 있었다.
- 절
  - ④ 종교뿐 아니라 (　　　　) 활동도 이루어졌다.
  - 왕실과 귀족으로부터 받은 땅과 활발한 경제 활동으로 점차 넓은 땅과 재물을 가지게 되었다.
- 대각 국사 의천
  - 문종의 넷째 아들로 열한 살에 승려가 되었다.
  - 수천 권의 불교 서적을 연구하고 해설한 것을 모아 『교장』을 펴냈다.
  - ③ 교종과 선종을 아우르는 (　　　　)을 만들었다.

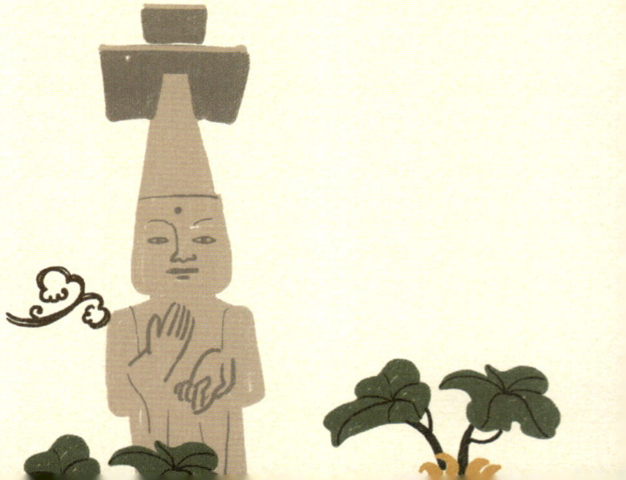

⑤ 숙종 때 윤관이
( )이란 특수 부대를
만들어 여진족을 몰아냈다.

여진을 몰아내고 차지한 땅에
동북 9성을 쌓아 고려의 영토로
삼았다가 여진에 돌려주었다.

**여진의
위협**

**묘청의
서경 천도
운동**

⑥ 묘청은 땅의 기운이 왕성한
( )으로 도읍을
옮겨야 한다고 주장했다.

**흔들리는
고려 사회**

묘청은 수도를 옮기는 일이
어려워지자 서경에서 난을 일으켰다.

김부식이 서경 귀족을 모두 없애고,
서경에 군대를 보내 반란을 진압했다.

**문벌 귀족**

**이자겸**

높은 관직과 넓은 땅을
대대로 물려받으며 사는
귀족 가문이다.

1126년, 척준경과
함께 난을 일으켰다.

인종의 장인으로 최고의
문벌 귀족이었다.

⑦ 5품 이상의 높은 관리들에게
주는 땅인 ( )을
받았다.

⑧ 조상이 큰 공을 세우거나 높은 관직에 오른
경우 그 자손은 과거를 보지 않고도 관리가 될
수 있는 ( ) 제도가 있었다.

**보기**  승과  서경  공음전  천태종  음서  별무반  팔관회  경제

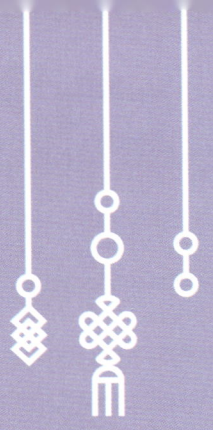

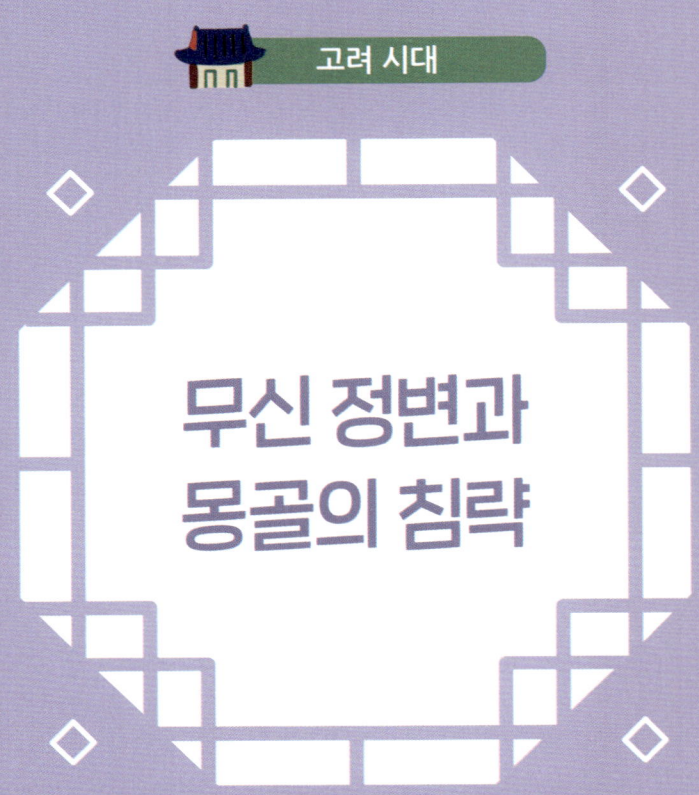

# 무신 정변과
# 몽골의 침략

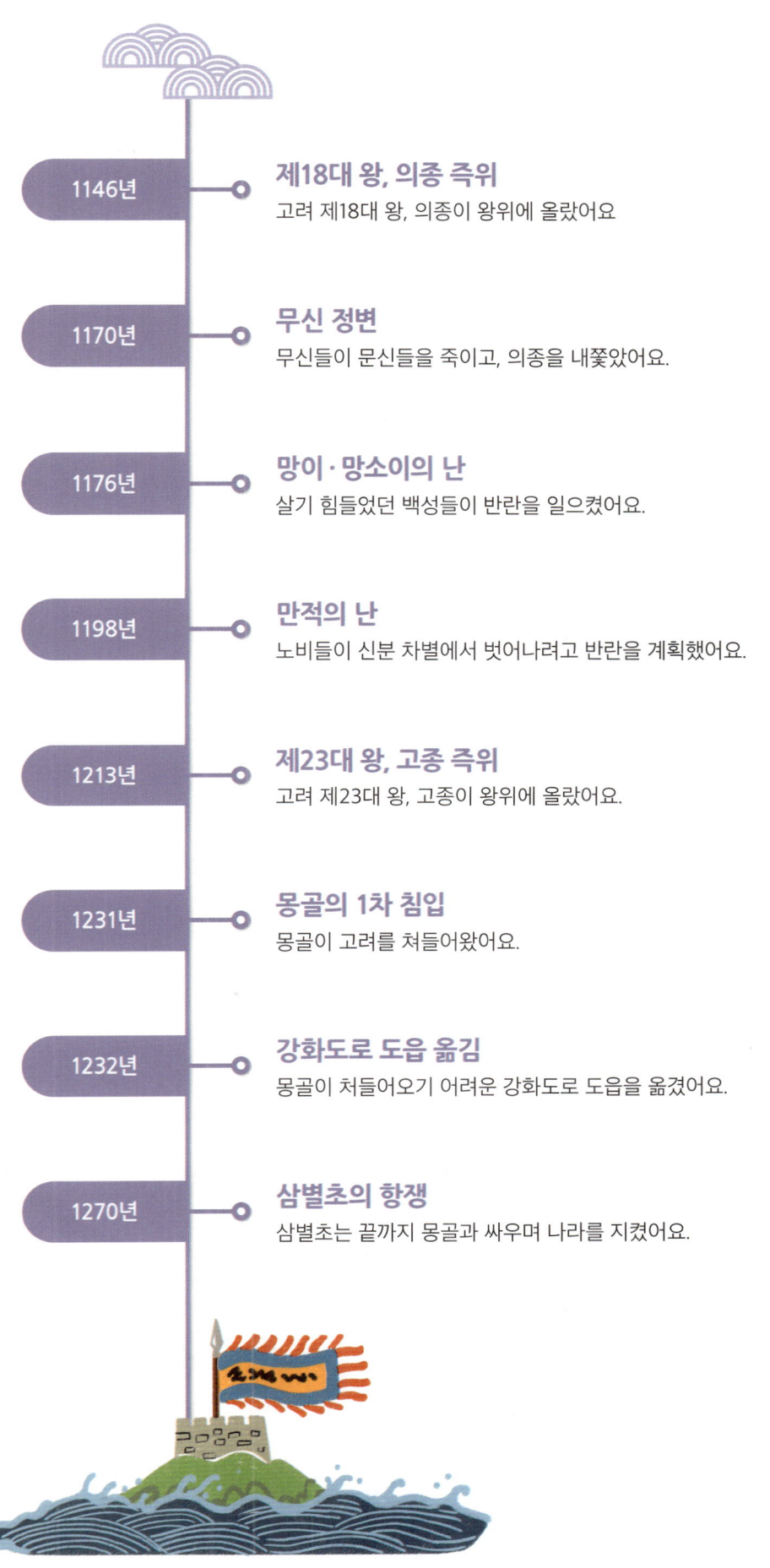

**1146년**

### 제18대 왕, 의종 즉위
고려 제18대 왕, 의종이 왕위에 올랐어요

**1170년**

### 무신 정변
무신들이 문신들을 죽이고, 의종을 내쫓았어요.

**1176년**

### 망이·망소이의 난
살기 힘들었던 백성들이 반란을 일으켰어요.

**1198년**

### 만적의 난
노비들이 신분 차별에서 벗어나려고 반란을 계획했어요.

**1213년**

### 제23대 왕, 고종 즉위
고려 제23대 왕, 고종이 왕위에 올랐어요.

**1231년**

### 몽골의 1차 침입
몽골이 고려를 쳐들어왔어요.

**1232년**

### 강화도로 도읍 옮김
몽골이 쳐들어오기 어려운 강화도로 도읍을 옮겼어요.

**1270년**

### 삼별초의 항쟁
삼별초는 끝까지 몽골과 싸우며 나라를 지켰어요.

# 무신들의 세상이 오다

　인종의 뒤를 이어 왕이 된 의종은 문신들만 편애했어요. 문신들과 자주 잔치를 벌여 술과 음식을 실컷 먹으며 즐겼는데, 이럴 때마다 무신들은 주변을 살펴야 해서 밥 한 끼 편히 먹기 어려웠어요. 또 높은 관직은 모두 문신들이 차지하고, 나라의 중요한 회의에도 문신들만 참석했어요. 이렇게 문신과 무신의 대우가 다르다 보니 날이 갈수록 무신들의 불만이 쌓여 갔어요.

　1170년, 의종이 문신들과 보현원이라는 곳으로 놀러 가던 길이었어요. 넓은 뜰이 나오자 의종이 가던 길을 멈추었어요.

　"잠시 이곳에서 즐기다 가려 하니, 수박희를 겨루어 보아라!"

　무신들이 차례대로 수박희를 겨루었어요. 그러던 중 나이가 많은 대장군 이소응이 젊은 무신과 겨루다 지고 말았어요. 이것을 본 젊은 문신 한뢰가 이소응의 뺨을 철썩 때리며 말했어요.

　"대장군이란 놈의 실력이 이것밖에 되지 않다니 부끄럽지도 않으냐?"

　젊은 문신에게 희롱당하는 대장군을 본 무신들은 분노가 차올랐어요.

　"문신들은 우리 무신들을 너무 우습게 보고 있어. 더 이상은 못 참아!"

　그날 밤 정중부, 이의방, 이고 등의 무신들이 앞장서서 닥치는 대로 문신들을 죽였어요. 자신들을 무시한 왕 의종은 거제도로 내쫓아 버렸지요. 그리고 의종의 동생을 새 왕으로 세웠어요. 무신들이 일으킨 이 난을 '무신 정변'이라고 해요.

　고려는 무신들의 세상이 되었어요. 무신들은 약 100년 동안 권력을 잡고 고려를 다스렸어요.

**문신** 글공부를 해 관리가 된 신하.
**무신** 무예를 해 관리가 된 신하.
**수박희** 일정한 거리를 두고 마주 서서 맨손으로 힘과 기술을 겨루는 놀이.

**1** 무신들이 불만을 갖게 된 이유를 고르세요. (        )

① 술과 음식을 실컷 먹었기 때문에        ② 전쟁에 나가지 못했기 때문에

③ 수박희를 할 시간이 부족했기 때문에        ④ 같은 신하인 문신과 차별 대우를 받았기 때문에

**2** 글을 읽으면서 괄호에 들어갈 알맞은 말을 쓰세요.

무신들이 차례대로 (         )를 겨루던 중 젊은 문신 (         )가 나이 많은 무신 (         )의 뺨을 때리며 희롱했어요.

**3** 무신 정변을 일으키는 데 앞장선 무신들의 이름을 세 명 쓰세요.

[        ] , [        ] , [        ]

**4** 무신 정변이 일어난 과정에 맞게 순서대로 번호를 쓰세요.

- 무신들이 의종의 동생을 새 왕으로 세우고, 권력을 잡았어요. --------------------- (     )
- 무신들이 닥치는 대로 문신들을 죽였어요. ------------------------------------ (     )
- 무신들이 의종을 내쫓았어요. ------------------------------------------------ (     )
- 무신들이 문신과 차별 대우를 받았어요. ---------------------------------------- (     )

**5** 무신 정변이 일어난 뒤, 고려는 어떻게 되었는지 써 보세요.

_____

_____

> **역사 포인트** 문신과 차별 대우를 받던 무신들이 무신 정변을 일으켜 권력을 잡았어요.

# 백성들도 난을 일으키다

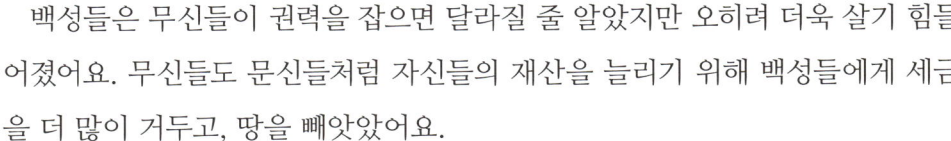

백성들은 무신들이 권력을 잡으면 달라질 줄 알았지만 오히려 더욱 살기 힘들어졌어요. 무신들도 문신들처럼 자신들의 재산을 늘리기 위해 백성들에게 세금을 더 많이 거두고, 땅을 빼앗았어요.

"이렇게는 더 이상 살 수 없다!"

백성들은 참지 못하고 봉기했어요. '망이·망소이의 난'과 '만적의 난'이 백성들이 일으킨 대표적인 봉기예요. 망이와 망소이는 충청남도 공주의 명학소에 사는 형제였어요. 소는 도자기, 종이, 먹 등 나라에서 쓰는 물건을 만드는 마을인데 명학소에서는 숯을 만들었어요. 명학소 사람들은 다른 마을 사람들보다 두 배로 힘들었어요. 나라에서 쓸 숯도 만들어야 하고, 세금도 내야 했기 때문이에요.

1176년, 참다못한 망이·망소이 형제가 반란을 일으켰어요. 그러나 조정에서 보낸 군대에 의해 진압되고 말았지요.

당시 무신 정변으로 권력을 잡은 무신 중에는 천민 출신들도 있었어요. 그 모습을 보며 백성들도 신분 상승의 꿈을 꾸게 되었어요.

"날 때부터 장군과 재상이 따로 있는가? 누구나 벼슬을 할 수 있다."

무신 최충헌의 노비였던 만적은 노비들을 모아 반란을 계획했어요. 하지만 함께하기로 한 노비 한 명이 겁을 먹고 주인에게 말하는 바람에 들통이 나고 말았어요. 만적과 노비들은 모두 붙잡혀 강물에 던져졌어요.

안타깝게도 농민들과 천민들의 봉기는 모두 실패로 끝나고 말았어요. 하지만 신분 차별과 수탈에 저항하는 백성들의 용기를 보여 주었어요.

**최충헌** 천민 출신의 무신인 이의민을 죽이고 최고 권력자가 된 무신. 그 뒤 60년간 최씨 정권이 계속됨.
**수탈** 강제로 빼앗음.

**1** 글을 읽으면서 무신 정권 때에 백성들의 삶은 어땠는지 알맞은 말에 ○ 하세요.

무신들이 권력을 잡자 백성들은 더욱 살기 ( **힘들어졌어요** / **좋아졌어요** ).

무신들은 백성들의 땅을 ( **빼앗고** / **나눠 주고** ),

세금도 더 많이 ( **거두었어요** / **줄였어요** ).

**2** 글을 읽고, 무엇에 대한 설명인지 쓰세요.

> 도자기, 종이, 먹 등 나라에서 쓰는 물건을 만드는 마을이에요.

**3** 글을 읽고, 괄호에 들어갈 알맞은 사람이 누구인지 고르세요. (　　　)

> 1176년, (　　　)가 명학소의 차별 대우에 항의해 반란을 일으켰어요.

① 이자겸　　　　② 망이 · 망소이 형제　　　　③ 만적　　　　④ 최충헌

**4** 만적이 한 말을 읽고, 만적이 왜 반란을 일으키려고 했는지 써 보세요.

> "장군과 재상이 따로 있는가? 누구나 벼슬을 할 수 있다!"

- - - - - - - - - - - - - - - - - - - - - - - - - - - - - - - - - - - - - - - - - - - -

**5** 망이 · 망소이 형제와 만적의 난으로 알 수 있는 것은 무엇인지 괄호에 쓰세요.

봉기는 비록 실패로 끝났지만, (　　　　　)과 (　　　　　)에 저항하는 백성들의 용기를
보여 주었어요.

> **역사 포인트** 망이와 망소이는 명학소의 차별 대우에 항의하며 반란을
> 일으켰고, 만적은 신분 차별에서 벗어나려고 반란을 계획했어요.

# 고려를 짓밟은 몽골

칭기즈 칸은 여러 몽골 부족을 통일하고 힘을 키우더니, 거대한 몽골 제국을 세웠어요. 거란이 고려를 침략했을 때, 몽골과 고려가 힘을 합쳐 거란을 물리쳤어요. 몽골은 이 핑계로 매년 고려에 사신을 보내 많은 공물을 요구해 왔어요. 고려의 불만이 커져 가던 가운데 고려에 왔던 몽골 사신이 죽는 사건이 일어났어요. 1231년, 몽골은 이 사건을 문제 삼아 고려에 쳐들어왔어요. 몽골군은 순식간에 개경까지 내려왔지만 고려는 귀주성에서 몽골군을 막아 냈어요.

고려 조정은 몽골군이 쳐들어오기 어려운 강화도로 도읍을 옮겼어요. 이 사실을 알게 된 몽골은 1232년, 또다시 쳐들어왔어요. 몽골군은 수도를 다시 옮기라고 요구하며 고려 땅을 무참히 짓밟았어요. 이에 굴하지 않고 고려군과 백성들은 몽골군에 맞서 싸웠어요. 용인 처인성에서는 승장 김윤후가 백성들과 함께 싸워 크게 승리했어요.

그 뒤에도 몽골은 여러 차례 쳐들어왔어요. 고려에 쳐들어온 몽골군은 많은 문화재를 불태우고 약탈했어요. 또 죄 없는 백성들의 목숨을 빼앗고 몽골로 끌고 갔어요. 상황이 나빠지자 고려 조정은 몽골의 요구대로 강화도에서 개경으로 돌아갈 것을 약속하고, 몽골을 물러가게 했어요. 하지만 고려 조정이 약속을 지키지 않았고, 몽골은 1254년에 또다시 쳐들어왔어요. 몽골은 더욱더 잔인하게 고려 땅을 짓밟고 백성들의 삶을 망가뜨렸어요.

결국 고려 조정은 태자를 몽골에 보내 개경으로 도읍을 옮기겠다고 약속을 하고, 몽골군을 물러나게 했어요.

**칭기즈 칸** 원래 이름은 테무친으로, 몽골족을 통일하고 몽골 제국을 세움.
**승장** 승려들로 조직된 군대의 장수.
**약탈** 폭력으로 남의 것을 억지로 빼앗음.

**1** 고려를 쳐들어온 몽골은 어떤 나라인지 써 보세요.

---

**2** 1232년, 고려에 쳐들어온 몽골이 요구한 것은 무엇인지 써 보세요.

---

**3** 글을 읽으면서 빈칸에 들어갈 알맞은 말을 쓰세요.

용인 [           ] 에서 승장 [           ] 가 백성들을 이끌고 몽골군과 싸웠어요.

**4** 글을 읽으면서 알맞은 말에 ◯ 하세요.

고려 조정은 ( **태자 / 공주** )를 몽골에 보내 ( **서경 / 개경** )으로 도읍을 옮기겠다고
다시 약속을 하고, 몽골군을 물러나게 했어요.

**5** 몽골의 침입으로 고려가 어떤 피해를 입었는지 두 가지 써 보세요.

---

---

> 몽골은 수차례나 고려에 쳐들어왔어요. 고려는 다시 개경으로
> 도읍을 옮길 것을 약속하고 몽골군을 물러나게 했어요.

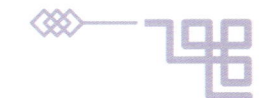

# 24 고려는 왜 강화도로 도읍을 옮겼을까?

몽골이 처음 쳐들어왔다가 물러갔을 때였어요. 권력을 잡고 있던 무신 **최우**는 몽골과 끝까지 싸우자고 했어요. 그리고 고려의 도읍을 몽골군이 올 수 없는 강화도로 옮겨야 한다고 했어요.

"도읍을 강화도로 옮기자니? 그럼 이 땅의 백성들은 어쩌란 말이오?"

**고종**과 문신들은 반대했어요. 하지만 당시 최고 권력자였던 최우의 뜻을 아무도 꺾을 수 없었어요.

"몽골군은 바다에 익숙하지 않으니 무조건 강화도로 가야 합니다."

최우는 고려가 몽골에 항복하면 자기 마음대로 나랏일을 주무를 수 없다고 생각했기 때문에 도읍을 강화도로 옮기자고 주장했던 거예요.

1232년, 고려는 도읍을 강화도로 옮겼어요. 강화도는 바다로 둘러싸인 섬으로, 섬의 주변이 진흙 갯벌이어서 몽골군이 말을 타고 쳐들어오기 어려웠어요. 개경과 가까워 육지의 상황을 쉽게 파악할 수 있다는 장점도 있었어요. 그리고 바다를 끼고 있으니 바닷길로 오가며 전국의 세금을 거두기에도 좋았지요.

궁궐과 관아가 지어진 강화도는 얼마 지나지 않아 새 도읍으로서의 모습을 갖추게 되었어요. 궁궐과 관아 주변에는 큰 시장도 생겼어요. 강화도는 40여 년 동안 고려의 도읍이 되었어요.

하지만 육지에 남겨진 백성들은 몽골군에게 잔인하게 짓밟혔어요. 수많은 백성이 목숨을 잃었고, 포로로 끌려갔어요. 또 황룡사 구층 목탑과 **초조대장경** 등 수많은 문화재가 몽골군이 지른 불에 타 버리고 말았어요.

고려의 궁궐이 있었던 강화 고려궁지

**최우** 최충헌의 아들로 1219년부터 정권을 잡은 무신.
**고종** 고려의 제23대 왕으로, 팔만대장경판을 만들도록 함.
**초조대장경** 현종 때 거란의 침입을 물리치고자 만든 고려 최초의 대장경.

**1** 강화도로 도읍을 옮겨 몽골과 싸우자고 주장한 사람은 누구인지 쓰세요.

무신 □□

**2** 강화도로 도읍을 옮기는 것을 반대한 사람은 누구인지 쓰세요.

(         )과 (         )

**3** 고려가 강화도로 도읍을 옮긴 이유를 두 가지 써 보세요.

--------------------------------------------------------

--------------------------------------------------------

**4** 글을 읽으면서 알맞은 말에 ○ 하세요.

새 도읍이 된 강화도에 ( **궁궐 / 절** )이 지어지고, ( **경기장 / 시장** )이 생겼어요.

**5** 도읍을 강화도로 옮긴 동안 육지에서 일어난 일이 <u>아닌</u> 것을 모두 고르세요. (    ,    )

① 몽골군이 백성들을 안전하게 지켜 주었어요.

② 황룡사 구층 목탑, 초조대장경 등 수많은 문화재가 불에 탔어요.

③ 몽골에서 관아를 설치하고 관리를 보냈어요.

④ 수많은 사람이 목숨을 잃고 몽골에 포로로 끌려갔어요.

역사 포인트 | 고려는 몽골군을 피해 바다로 둘러싸인 강화도로 도읍을 옮겼어요. 강화도는 40여 년 동안 고려의 도읍이 되었어요.

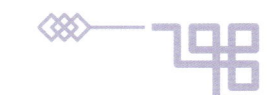

# 25

# 몽골에 맞서 끝까지 싸운 삼별초

1259년, 고려 왕실은 개경으로 돌아갈 것을 다시 약속하고 몽골과의 긴 싸움을 멈추기로 했어요. 하지만 자신들의 힘이 약해질 것을 두려워한 무신들의 반대로, 고려는 몽골과의 약속을 지킬 수 없었어요.

1270년, 원종은 개경으로 다시 도읍을 옮기라고 명령했어요. 그리고 자신의 뜻에 반대하는 무신의 최고 권력자인 임유무를 없애 버렸어요. 이로써 고려를 뒤흔들었던 무신 정권의 시대가 끝이 났어요. 원종은 몽골의 요구대로 도읍을 개경으로 옮겼어요. 그런데 배중손이 이끄는 삼별초는 몽골과 싸우겠다며 강화도에서 군사를 일으켰어요.

"삼별초는 몽골에 굴복하지 않고 끝까지 싸울 것이다!"

삼별초는 자신들과 뜻을 같이하는 백성들을 모아 진도로 내려갔어요. 삼별초는 진도에 성을 쌓고 몽골과 싸울 준비를 했어요. 힘이 커진 삼별초는 고려 정부를 위협할 정도였어요. 고려군은 몽골과 연합해 삼별초를 공격했어요. 삼별초는 고려와 몽골 연합군의 공격을 몇 차례나 잘 막아 냈어요. 하지만 안타깝게 배중손이 전투 중에 목숨을 잃고 말았어요.

배중손의 죽음 뒤 삼별초는 살아남은 사람들을 이끌고 제주도로 근거지를 옮겼어요. 그러나 예전처럼 위협적이지 못했어요. 결국 1273년, 모두 목숨을 잃고, 삼별초의 항쟁은 막을 내리고 말았어요.

삼별초의 항쟁은 몽골에 끝까지 저항한 고려 사람들의 굳은 의지를 보여 주었어요.

삼별초가 쌓은 진도 용장성

삼별초의 마지막 근거지였던
제주 항파두성

**원종** 고려의 제24대 왕. 태자의 신분으로 몽골 쿠빌라이를 만나 항복의 뜻을 전함.
**삼별초** 원래 최씨 무신 정권의 사병이었는데, 정식 부대가 되어 몽골과의 싸움에서 활약함.
**항쟁** 맞서 싸움.

**1** 개경으로 돌아가는 것에 대해 각각 어떤 생각이었는지 찾아 줄로 이으세요.

원종 •

무신들 •

• 개경으로 돌아가면 몽골이 나랏일에 간섭하게 되어서 우리 무신들의 힘이 약해질 거야.

• 몽골의 요구대로 강화도에서 개경으로 돌아가야 전쟁을 끝낼 수 있어.

**2** 몽골과 끝까지 싸웠던 부대의 이름을 쓰세요.

| | | |
|---|---|---|
| | | |

**3** 삼별초가 옮겨 간 근거지를 순서에 맞게 나열한 것을 고르세요. (　　　　)

① 진도 – 강화도 – 제주도　　　　② 진도 – 제주도 – 강화도

③ 강화도 – 진도 – 제주도　　　　④ 강화도 – 제주도 – 진도

**4** 삼별초의 항쟁이 보여 준 것은 무엇인지 써 보세요.

- - - - - - - - - - - - - - - - - - - - - - - - - - - - - - - - - - - -

**5** 글을 읽고 누구에 대한 설명인지 알맞은 이름을 괄호에 쓰세요.

• 무신 최고의 권력자로 도읍을 옮기는 것을 반대하다 원종에게 죽임을 당했어요. (　　　　)

• 삼별초를 이끄는 장군으로 진도에서 몽골과 싸우다 목숨을 잃었어요. (　　　　)

 삼별초는 강화도에서 진도, 제주도로 근거지를 옮기며 끝까지 몽골에 맞서 싸웠어요.

# 간절한 바람을 담은 **팔만대장경**

몽골과 전쟁이 계속되자 고려 조정은 대장경을 만들었어요. 대장경은 불교 경전을 모두 모아 놓은 것이에요. 고려 사람들은 부처의 힘으로 몽골의 침략을 물리치고자 16년에 걸쳐 대장경을 목판에 새겼어요. 총 8만 1258장의 목판 양면에 새겨 '팔만대장경'이라고 불려요. 이 팔만대장경판은 오늘날 경상남도 합천에 있는 해인사의 장경판전에 보관되어 있어요.

**팔만대장경판(합천 해인사 대장경판)**

대장경판에 새겨진 글자 수는 무려 5000만 자가 넘어요. 글씨를 새긴 솜씨가 매우 뛰어나고 틀린 글자나 빠진 글자가 거의 없을 정도로 매우 정교하지요. 그 우수성을 세계적으로 인정받아 유네스코 세계 기록 유산에 등재되었어요.

**합천 해인사 장경판전**

대장경판을 보관하는 장경판전은 대장경판이 습기로 뒤틀리거나 썩지 않도록 과학적으로 설계되었어요. 바닥에 숯과 소금, 횟가루를 뿌리고 공간을 두어 습도를 조절하고, 바람이 잘 통하도록 창을 냈어요. 유네스코 세계 문화유산으로 등재되었어요.

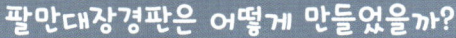
**팔만대장경판은 어떻게 만들었을까?**

나무를 잘라 바닷물에 2년간 담가 두기

나무를 알맞은 크기로 자른 뒤 소금물에 삶기

바람이 잘 통하는 그늘에서 1년간 말리기

일정한 크기로 잘라 글자를 새기고 확인하기

완성!

귀퉁이에 구리판을 붙여 마무리하고, 옻칠해 보관하기

**역사 퀴즈**

# 순서를 찾아라!

팔만대장경판을 만드는 과정에 맞게 순서대로 번호를 쓰세요.

일정한 크기로 잘라 글자를
새기고 확인하기

◯

바람이 잘 통하는 그늘에서
1년간 말리기

◯

나무를 잘라 바닷물에
2년간 담가 두기

◯

귀퉁이에 구리판을 붙여
마무리하고, 옻칠해 보관하기

◯

나무를 알맞은 크기로
자른 뒤 소금물에 삶기

◯

## 한눈에 보는 역사 마인드맵

괄호에 들어갈 알맞은 말을 보기 에서 찾아 쓰면서 '무신 정변'과 '몽골의 침략'에 대해 정리해 보세요.

# 무신 정변

- ① 1170년, 무신들이 (　　　　)을 일으켰다.
  - 권력을 잡은 무신들이 의종을 거제도로 내쫓고, 새 왕을 앉혔다.
  - 문신과 무신의 차별 대우로 무신들의 불만이 쌓여 갔다.

## 백성들의 봉기

### 망이·망소이의 난

- ② 충청남도 공주의 (　　　　)에 사는 망이·망소이 형제가 차별 대우에 항의하며 반란을 일으켰다.

### 만적의 난

- ③ 만적이 (　　　　)들을 모아 반란을 계획했지만, 실패했다.
  - 천민이 신분 차별에 저항하는 사건이었다.
- 만적은 무신 최충헌의 노비였다.

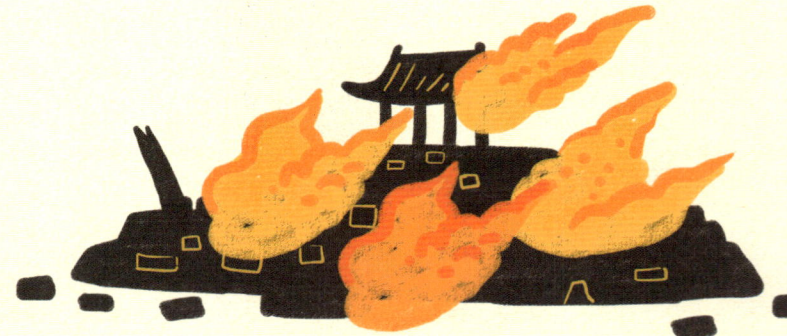

1231년, 몽골이 고려에
처음 쳐들어왔다.

④ 1232년, 고려는 (          )로
도읍을 옮겼다.

**새 도읍
강화도**

섬의 주변이 진흙 갯벌이어서 몽골군이
말을 타고 쳐들어오기 어려웠고, 개경과
가까워 육지의 상황을 쉽게 파악할 수
있었다. 또 바닷길로 오가며 전국의
세금을 거두기에도 좋았다.

**몽골의
침략**

⑦ 고려는 태자를 몽골에 보내고,
(          )으로 도읍을 옮기겠다고
약속한 뒤, 몽골과의 싸움을 멈추었다.

**삼별초
항쟁**

⑤ (          )이 이끄는 삼별초가 끝까지
몽골과 싸우겠다며 군사를 일으켰다.

⑥ (          )에서 성을 쌓고
싸웠지만 배중손이 목숨을 잃었다.

제주도로 옮겨 싸웠지만
1273년에 진압되었다.

**보기**   강화도  개경  명학소  진도  배중손  노비  무신 정변

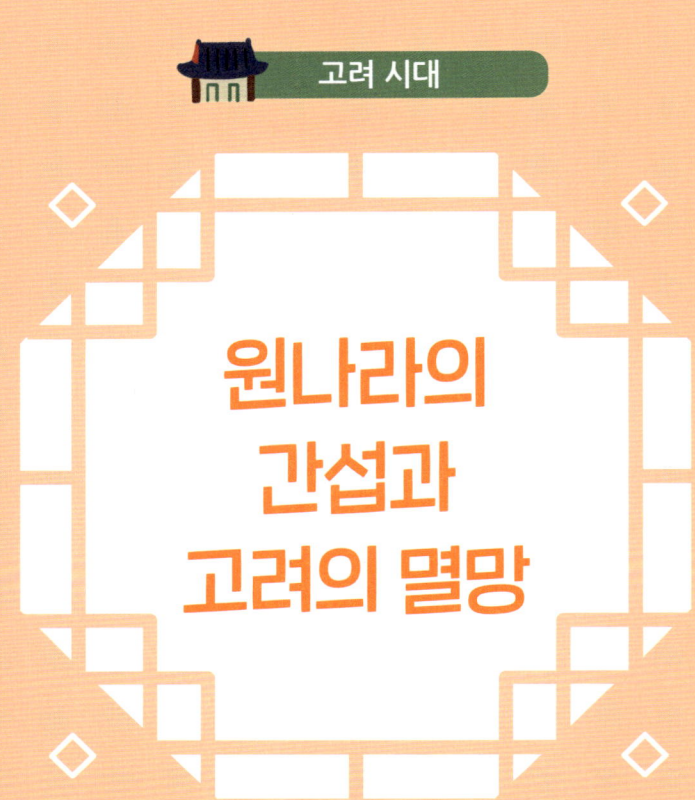

고려 시대

# 원나라의
# 간섭과
# 고려의 멸망

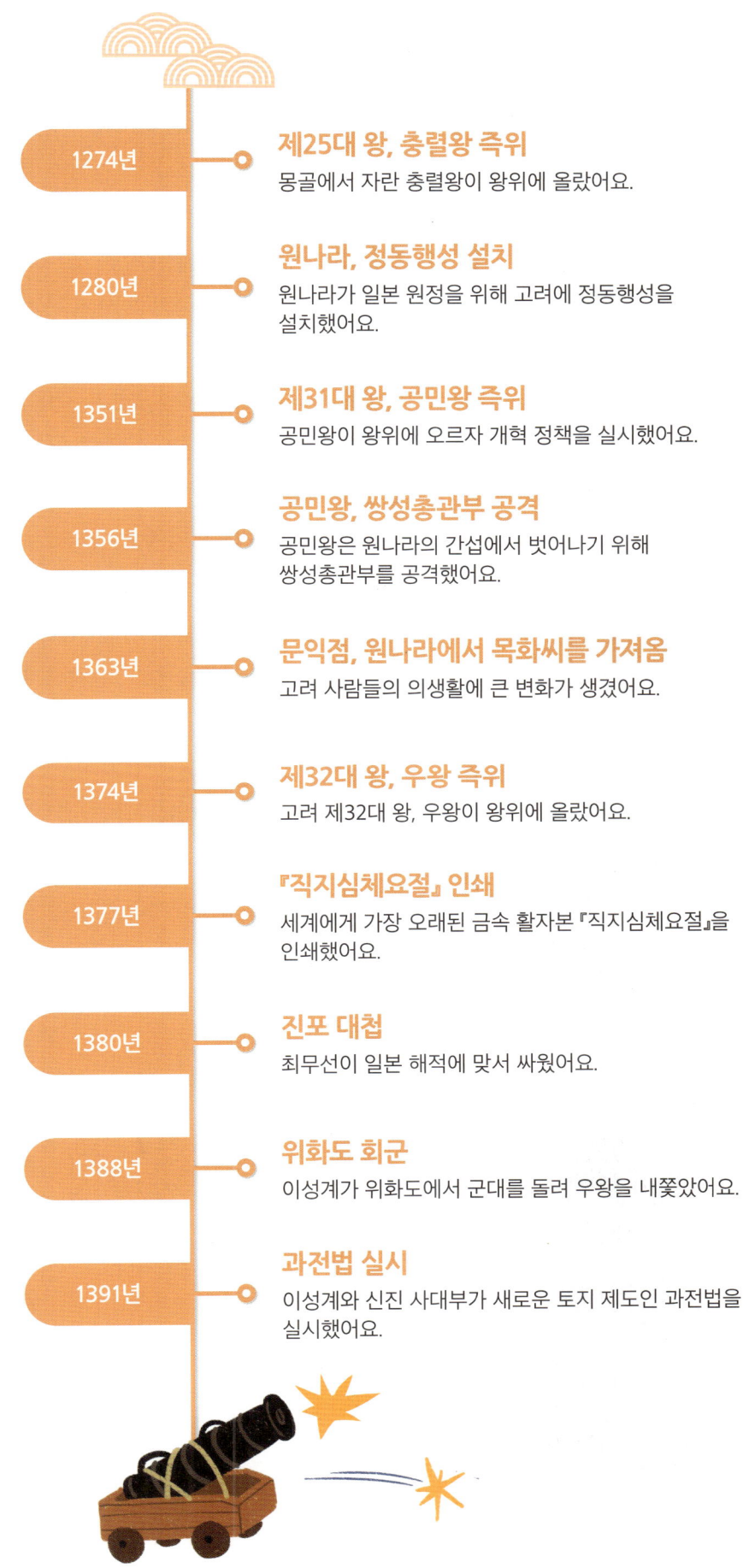

### 제25대 왕, 충렬왕 즉위
**1274년**
몽골에서 자란 충렬왕이 왕위에 올랐어요.

### 원나라, 정동행성 설치
**1280년**
원나라가 일본 원정을 위해 고려에 정동행성을 설치했어요.

### 제31대 왕, 공민왕 즉위
**1351년**
공민왕이 왕위에 오르자 개혁 정책을 실시했어요.

### 공민왕, 쌍성총관부 공격
**1356년**
공민왕은 원나라의 간섭에서 벗어나기 위해 쌍성총관부를 공격했어요.

### 문익점, 원나라에서 목화씨를 가져옴
**1363년**
고려 사람들의 의생활에 큰 변화가 생겼어요.

### 제32대 왕, 우왕 즉위
**1374년**
고려 제32대 왕, 우왕이 왕위에 올랐어요.

### 『직지심체요절』 인쇄
**1377년**
세계에게 가장 오래된 금속 활자본 『직지심체요절』을 인쇄했어요.

### 진포 대첩
**1380년**
최무선이 일본 해적에 맞서 싸웠어요.

### 위화도 회군
**1388년**
이성계가 위화도에서 군대를 돌려 우왕을 내쫓았어요.

### 과전법 실시
**1391년**
이성계와 신진 사대부가 새로운 토지 제도인 과전법을 실시했어요.

**26**

# 원나라의 간섭에 고통받는 고려

몽골은 나라의 이름을 '원'이라고 바꾸었어요. 그리고 개경으로 돌아온 고려의 왕실을 간섭하기 시작했어요. 고려의 왕이 될 태자는 원나라에서 자라야 했고, 원나라 공주와 결혼해야 했어요. 고려가 원나라의 사위 나라가 된 것이지요.

원나라의 간섭은 이뿐만이 아니었어요. 고려의 왕도 원나라의 뜻대로 정하고, 왕이 마음에 들지 않거나 원나라의 뜻을 따르지 않으면 바꾸어 버렸어요.

고려 왕실은 황제의 나라에서 쓰는 폐하나 태자 등의 호칭을 사용할 수 없게 되었어요. 또 고려 왕의 이름에는 충렬왕, 충선왕, 충혜왕 등 충(忠) 자를 붙여야 했어요. 이는 원나라 황제에게 충성하겠다는 의미예요.

원나라는 고려 땅을 직접 다스리기 위해서 서경 지역에 동녕부, 화주 지역에 쌍성총관부, 제주도에 탐라총관부를 설치했어요. 또 일본 원정을 위해 정동행성이란 관아를 설치하고 필요한 물건과 배, 군사를 모두 고려에서 대도록 했어요. 원나라는 일본 원정에 실패한 뒤에도 정동행성을 그대로 두고 고려의 나랏일을 사사건건 간섭했어요.

원나라의 횡포는 나날이 심해졌어요. 매년 고려는 금, 인삼, 매 등을 원나라에 공물로 바쳐야 했어요. 고려 처녀들도 원나라에 공녀로 끌려갔어요.

원나라가 요구하는 많은 공물은 물론이고 공녀까지 바쳐야 하는 고려 백성들의 고통은 이루 말할 수 없었어요.

역사
용어

원정 먼 곳으로 싸우러 나감.
공녀 원나라에 바치던 일. 또는 그 여자.

**1** 개경으로 돌아온 뒤 고려는 어떻게 되었는지 빈칸에 들어갈 알맞은 말을 쓰세요.

고려는 [　　　　　　]의 간섭을 받아야 했어요.

**2** 원나라의 간섭을 받는 고려의 모습으로 맞으면 ○, 틀리면 ✕ 하세요.

① 고려의 태자는 원나라 공주와 결혼해야 했어요. ----------------------- (　　　)
② 원나라의 뜻대로 고려 왕을 정하고 바꾸기도 했어요. ----------------- (　　　)
③ 고려 왕실은 황제의 나라에서 쓰는 호칭을 사용해야 했어요. --------- (　　　)

**3** 원나라가 고려 왕의 이름에 붙인 충(忠)이 의미하는 것이 무엇인지 써 보세요.

--------------------------------------------------------------------------------

**4** 글을 읽고, 무엇에 대한 설명인지 알맞은 말을 보기 에서 찾아 번호를 쓰세요.

> 보기 　　① 탐라총관부　② 정동행성　③ 동녕부　④ 쌍성총관부

● 원나라가 고려의 화주 지역을 직접 다스리기 위해 설치한 관아 (　　　)

● 원나라가 일본 원정을 위해 고려에 설치한 관아 (　　　)

**5** 원나라에 바치는 공물과 공녀에 대해 설명하는 글을 써 보세요. …수행평가 대비

공물:
--------------------------------------------------------------------------------

공녀:
--------------------------------------------------------------------------------

> 역사 포인트　고려는 원나라의 간섭을 받으며 큰 고통을 겪었어요.

# 27

# 몽골풍이 유행한 고려

원나라의 간섭을 받던 때, 수많은 사람들이 고려와 원나라 사이를 오갔어요. 고려에서는 태자와 학자, 상인 등이, 원나라에서는 공주뿐 아니라 사신, 상인 등이 오고 갔어요.

몽골에서 자란 충렬왕은 고려에 와서도 몽골식 머리 모양인 변발을 했어요. 변발은 앞머리는 모두 깎고 뒷머리는 땋아 길게 늘어뜨리는 것이에요. 충렬왕은 신하들에게도 자신처럼 몽골식 머리 모양를 하고, 몽골 옷을 입으라고 명령했어요.

고려 왕실에서는 고려 말 대신 몽골 말을 사용하기도 했어요. 이때 사용한 몽골 말이 아직 전해지고 있어요. 왕과 왕비 등 왕실의 가족에게 붙이는 마마, 세자빈을 뜻하는 마누라, 왕의 음식을 뜻하는 수라, 궁녀를 뜻하는 무수리 등이 바로 몽골에서 온 말이에요.

백성들 사이에서도 점차 몽골풍이라고 불리는 몽골의 풍습이 유행하기 시작했어요. 변발을 하고, 추위를 막아 주는 몽골 털모자와 몽골 옷인 호복을 입었어요. 지금까지 전해 오는 족두리와 설렁탕, 고기만두 등도 이때 원나라에서 전해진 것이에요.

원나라에도 고려의 풍습이 유행했어요. 고려 사람들이 원나라에 많이 살게 되면서 떡이나 그릇, 옷 등이 전해져 고려양이라고 불리게 되었어요. 공녀로 원나라에 끌려갔던 고려 처녀들 중에는 원나라 황실에서 궁녀가 되는 경우가 많았어요. 그들에 의해 고기를 지지고 볶는 고려의 조리법이나 비파로 연주하는 고려 음악이 원나라에 전해졌어요.

족두리        설렁탕        몽골식 머리 모양을 한 사람이 그려진 「천산대렵도」

**충렬왕** 고려의 제25대 왕. 원종의 아들로, 태자 때 원나라에서 지낸 뒤 제국 대장 공주와 결혼함.
**호복** 소매가 좁고, 몸에 꼭 맞아 활동하기 편한 몽골의 옷.
**비파** 둥글고 긴 타원형의 현악기. 삼국 시대부터 많이 연주됨.

**1** 고려에서 몽골의 풍습이 유행하게 된 원인을 고르세요. (          )

① 원나라의 풍습을 따르지 않으면 원나라로 끌려갔어요.

② 원나라가 고려의 풍습을 금지했어요.

③ 왕이 무조건 원나라의 풍습을 따르라고 명령했어요.

④ 수많은 사람이 원나라에 오고 가면서 고려에 몽골의 풍습이 전해졌어요.

**2** 다음 그림에서 말을 탄 사람의 모습과 관계있는 말에 ○ 하세요.

「천산대렵도」

| 한복 | 장발 | 상투 | 변발 |

**3** 글을 읽고, 고려 왕실에서 사용하던 몽골 말을 써 보세요.

● 왕과 왕비 등 왕실의 가족에게 붙이는 말 (              )

● 왕의 음식을 뜻하는 말 (              )     ● 궁녀를 뜻하는 말 (              )

**4** 몽골풍과 고려양이 무엇인지 설명하는 글을 써 보세요. ···수행평가 대비

몽골풍: _____

고려양: _____

**5** 원나라에서 고려에 전해진 것 중 지금까지 전해 오는 것을 모두 고르세요. (     ,     ,     )

① 족두리          ② 설렁탕          ③ 호복          ④ 고기만두

역사 포인트  수많은 사람이 고려와 원나라를 오가면서 고려에서는 몽골풍이, 원나라에서는 고려양이 유행했어요.

# 28

# 원나라의 간섭에서 벗어나기 위한 노력

"원나라의 간섭에서 이제 그만 벗어나야 한다!"

공민왕은 왕의 자리에 오르자 개혁 정책을 실시했어요. 공민왕은 원나라에서 10년 동안 살면서 고려 왕이었던 아버지와 형이 원나라에 모욕당하는 것을 수차례 보았어요. 그때부터 원나라의 간섭에서 벗어나야겠다는 생각을 마음속 깊이 갖고 있었지요. 게다가 이 무렵 원나라는 황제 자리를 두고 귀족들이 서로 다투었고, 홍건적이 여기저기서 난을 일으켜 혼란에 빠져 있었어요.

고려로 돌아온 공민왕은 먼저 몽골식 머리 모양과 옷차림을 금지시켰어요. 원나라가 설치한 정동행성을 없애고, 쌍성총관부를 공격해 원나라에게 빼앗겼던 땅을 되찾는 등 원나라의 간섭에서 벗어나기 위해 노력했어요. 이때 최영 장군과 이성계가 크게 활약을 했어요. 또 원나라를 등에 업고 마음껏 권력을 휘두르던 권문세족 기철 등도 없애 버렸어요.

그런데 대부분의 신하들이 권문세족이었기 때문에 공민왕의 개혁을 반대했어요. 고민 끝에 공민왕은 이들과 거리가 먼 승려 신돈에게 개혁을 맡겼어요. 신돈은 전민변정도감이라는 관아를 두고 권문세족에게 강제로 땅을 빼앗기거나 노비가 된 백성들을 구해 주었어요. 백성들은 신돈을 환영하며 따랐고, 점점 그 무리가 많아졌어요. 권문세족에게는 신돈이 눈엣가시처럼 느껴졌지요.

"승려 신돈이 왕을 배신하고 반역을 꾀하고 있습니다."

권문세족들은 신돈을 모함하는 상소를 앞다투어 올렸어요. 신돈을 굳게 신뢰했던 공민왕도 마음이 흔들리고 말았어요. 결국 신돈은 반역죄로 몰려 죽임을 당했어요. 얼마 뒤 공민왕도 신하에게 죽임을 당하고, 공민왕의 개혁은 실패로 돌아가고 말았어요.

공민왕과 노국 대장 공주

---

 역사용어

**홍건적** 한족의 농민 반란군. 머리에 붉은 수건을 둘렀다고 해서 홍건적이라고 불렸음.
**권문세족** 주로 원나라와 관련된 일을 하며 원나라의 힘을 이용해 높은 관직에 오른 집안.
**기철** 공녀로 끌려갔다가 원나라 황후가 된 기황후의 오빠.

**1** 공민왕이 왕의 자리에 올랐을 때, 원나라는 어떤 상황이었는지 써 보세요.

- - - - - - - - - - - - - - - - - - - - - - - - - - - - - - - - - - - - - - - -

**2** 공민왕이 실시한 개혁 정책을 모두 고르세요. (     ,      )

① 몽골식 머리 모양과 옷차림을 금지했어요.

② 원나라를 등에 업고 권력을 휘두르던 권문세족 기철에게 상을 주었어요.

③ 쌍성총관부를 공격해 원나라에게 빼앗겼던 땅을 되찾았어요.

④ 원나라가 설치했던 정동행성을 한 군데 더 설치했어요.

**3** 공민왕이 고려의 개혁을 맡긴 사람의 이름을 쓰세요.

승려 (          )

**4** 무엇에 대한 설명인지 글자를 모두 찾아 ◯ 하고, 괄호에 쓰세요.

> 권문세족에게 강제로 땅을 빼앗기거나 노비가 된 백성을 구하기 위해 설치한 관아

| 전 | 주 | 변 | 장 | 도 |
|---|---|---|---|---|
| 동 | 민 | 만 | 정 | 감 |

(             )

**5** 공민왕의 개혁 정책은 어떻게 되었는지 글을 읽으면서 알맞은 말에 ◯ 하세요.

공민왕은 죽임을 당했고, 그의 개혁 정책은 ( **성공했어요** / **실패했어요** ).

 고려의 공민왕은 원나라가 혼란에 빠지자 원나라의 간섭에서 벗어나고자 개혁 정책을 실시했지만 실패했어요.

# 목화씨를 가져온 문익점

사신으로 원나라에 간 문익점은 원나라 사람들이 목화로 지은 옷을 입고 따뜻하게 지내는 모습을 보았어요.

"우리 고려 백성들도 목화로 지은 옷을 입으면 따뜻해 좋을 텐데……."

고려 귀족들은 비단이나 가죽으로 만든 옷을 입었어요. 하지만 값이 비싸 일반 백성들은 삼베나 모시로 만든 옷을 입었어요. 삼베옷이나 모시옷은 여름에 시원했지만, 겨울에는 추위를 막지 못해 고려의 백성들은 늘 추위에 시달려야 했어요. 고려 백성들을 안타깝게 여긴 문익점은 고려로 돌아올 때 몰래 목화씨를 몇 개 가지고 왔어요.

문익점은 장인과 함께 목화씨를 심었지만 재배 방법을 몰라 겨우 한 그루만 살렸어요. 3년 뒤 장인의 도움으로 드디어 목화 재배에 성공한 문익점은 많은 목화를 얻을 수 있게 되었어요. 하지만 목화에서 실을 뽑는 방법을 몰라 막막했어요. 수소문 끝에 문익점은 원나라 승려에게 목화에서 실 뽑는 법을 배웠어요. 드디어 목화 재배법과 실 뽑는 법을 알게 된 문익점은 많은 고려 사람들에게 알려 주었어요.

이후 많은 고려 사람들은 목화를 기르게 되었어요. 목화에서 뽑은 실로 짠 무명은 삼베보다 부드럽고, 만들 때 힘이 덜 들어 인기가 많았어요. 또 목화솜을 넣은 이불과 옷 덕분에 추운 겨울을 따뜻하게 보낼 수 있게 되었어요.

고려 왕실에서도 백성들에게 목화 기르는 일을 적극적으로 권했어요. 문익점 덕분에 고려 사람들의 의생활에 큰 변화가 생기게 되었어요.

목화

**목화** 한해살이풀로 열매가 터지면서 솜털이 달린 씨가 나옴. 면화, 목면이라고도 함.
**모시** 모시풀의 줄기 껍질을 베틀로 짜서 만든 옷감.

**1** 목화를 기르기 전 고려 사람들의 의생활로 옳지 <u>않은</u> 것을 고르세요. (　　　　　)

① 누구나 비단이나 가죽으로 만든 옷을 입었어요.

② 귀족들은 비단이나 가죽으로 만든 옷을 입었어요.

③ 백성들은 삼베나 모시로 만든 옷을 입었어요.

④ 겨울에 백성들은 삼베나 모시로 만든 옷을 입고 추위에 떨었어요.

**2** 원나라에서 다음 식물의 씨앗을 가지고 온 사람이 누구인지 쓰세요.

목화

| | | |
|---|---|---|
| | | |

**3** 목화 재배에 성공한 문익점이 겪은 또 다른 어려움은 무엇인지 써 보세요. ....수행평가 대비

- - - - - - - - - - - - - - - - - - - - - - - - - - - - - - - - - - - - - - - - -

**4** 글을 읽으면서 빈칸에 들어갈 알맞은 말을 쓰세요.

목화에서 뽑은 실로 짠 [　　　　]은 [　　　　] 보다 부드럽고, 만들 때 힘이 덜 들었어요.

**5** 목화를 널리 기르면서 고려 사람들의 의생활이 어떻게 변했는지 써 보세요. ....수행평가 대비

- - - - - - - - - - - - - - - - - - - - - - - - - - - - - - - - - - - - - - - - -

- - - - - - - - - - - - - - - - - - - - - - - - - - - - - - - - - - - - - - - - -

역사 포인트　문익점이 원나라에서 가져온 목화씨 덕분에 고려 사람들은 목화솜을 넣은 이불과 옷으로 겨울을 따뜻하게 보낼 수 있게 되었어요.

# 30

# 화포를 만들어 왜구를 물리친 최무선

고려 말, 남쪽 바닷가 근처 마을에 일본의 해적인 왜구들이 자주 쳐들어왔어요. 왜구들은 곡식과 물건을 마구 빼앗고, 죄 없는 백성들을 끌고 가 노비로 팔았어요. 피해가 컸지만 배를 타고 다니는 왜구를 공격하기 쉽지 않았어요.

군기감에서 일하는 최무선은 화약을 만들어 왜구를 무찔러야겠다고 결심했어요. 하지만 그 당시 화약 만드는 기술은 원나라만 알고 있었어요. 최무선은 틈만 나면 원나라 상인이 많이 드나드는 벽란도로 가 화약 만드는 기술을 배우려고 애썼어요. 드디어 최무선은 이원이라는 원나라 기술자를 만나게 되었어요.

"화약 만드는 방법을 좀 알려 주시오. 왜구가 쳐들어와 죄 없는 백성들을 마구 죽이고 곡식과 물건을 빼앗아 가고 있다오. 부탁하오."

백성을 생각하는 최무선의 마음을 갸륵히 여긴 이원은 화약 만드는 법을 알려 주었어요. 마침내 최무선의 노력이 결실을 맺게 되었어요.

"화약을 이용해 왜구를 물리칠 무기도 만들어야 해."

화약 만드는 데 성공한 최무선은 왕에게 무기를 만들 관청을 만들자고 말했어요. 최무선의 건의를 받아들인 조정에서는 화통도감을 두고, 화약과 여러 가지 화포를 만들었어요.

1380년, 진포에 왜구의 배 500여 척이 쳐들어왔어요. 최무선은 그동안 준비해 놓은 화약과 불화살, 화포 등을 왜구의 배를 향해 쏘아 댔어요. 순식간에 왜구의 배들은 부서져 바닷속으로 가라앉았어요. 크게 진 왜구들은 그 뒤 함부로 쳐들어오지 못했어요.

진포 대첩비의
최무선 동상

 **역사 용어**
**군기감** 싸움터로 나갈 때 필요한 무기나 기구 따위의 제조를 맡아보던 관아.
**화통도감** 고려 우왕 때 화약과 화약 무기를 만들기 위해 설치한 관아.
**진포** 지금의 전라북도 군산.

**1** 최무선은 왜 화약을 만들기로 결심했는지 써 보세요. ⋯ 수행평가 대비

- - - - - - - - - - - - - - - - - - - - - - - - - - - - - - - - - - - - - - - - - -

- - - - - - - - - - - - - - - - - - - - - - - - - - - - - - - - - - - - - - - - - -

**2** 최무선이 화약 만들기에 계속 실패한 이유는 무엇인지 써 보세요.

- - - - - - - - - - - - - - - - - - - - - - - - - - - - - - - - - - - - - - - - - -

**3** 최무선이 화약을 만든 과정에 맞게 순서대로 번호를 쓰세요.

- 화약을 만들어 왜구를 무찔러야겠다고 결심했어요. - - - - - - - - - - - - - - - - - ( 　 )
- 이원이라는 원나라 기술자가 화약 만드는 법을 알려 주었어요. - - - - - - - - - - - - ( 　 )
- 마침내 화약을 만들 수 있게 되었어요. - - - - - - - - - - - - - - - - - - - - - - - ( 　 )
- 최무선은 틈만 나면 원나라 상인이 많이 드나드는 벽란도에 갔어요. - - - - - - - - ( 　 )

**4** 글을 읽으면서 최무선이 건의해서 만들어진 관아를 빈칸에 쓰세요.

[　　　　　　] 에서 화약과 화포를 만들었어요.

**5** 최무선이 화약과 화포로 왜구를 크게 무찌른 곳을 찾아 ○ 하세요.

| 당포 | 다대포 | 군포 | 진포 |

**역사 포인트**　최무선은 화약과 화포를 만들어 진포에서 왜구를 크게 무찔렀어요.

# 31

# 위화도에서 말을 돌리다

고려 말, 원나라는 점차 쇠퇴하고 명나라가 세력을 키우고 있었어요. 그러던 중 명나라가 고려에게 철령 이북 땅을 내놓으라고 요구했어요.

그러자 최영은 명나라와 싸워야 한다고 주장했어요. 하지만 이성계는 명나라는 고려보다 강한 나라이니 명나라와 사이좋게 지내야 한다고 주장했어요. 이에 고려 우왕은 명나라의 땅인 요동을 공격하라고 명령했어요.

1388년, 이성계는 군대를 이끌고 요동으로 출발했어요. 이성계와 군사들이 압록강 근처의 위화도에 도착했어요. 그런데 마침 시작된 장마로 물이 불어나 강을 건너기 어려웠어요. 비가 그칠 줄 모르고 계속 내리자 이성계는 우왕에게 개경으로 되돌아갈 것을 요청하는 상소문을 보냈어요. 하지만 우왕은 계속 요동으로 갈 것을 명령했어요.

이성계는 고민에 빠졌어요. 이대로 지친 군사들을 이끌고 요동으로 간다면 제대로 싸워 보지도 못하고 목숨을 잃을 게 뻔했지요.

"말 머리를 돌려라! 개경으로 돌아간다!"

이성계는 왕의 명령을 어기고 개경으로 돌아갔어요. 위화도에서 군대를 돌렸다고 하여 이 일을 '위화도 회군'이라고 해요.

개경으로 돌아온 이성계는 맞서는 최영의 군대를 물리치고 우왕을 내쫓았어요. 그러고는 권력을 잡았어요.

**명나라** 1368년, 주원장이 원나라를 북쪽으로 몰아내고 세운 나라.
**철령 이북** 함경도와 강원도의 경계 지역으로, 고려가 쌍성총관부를 공격해 원나라에게 되찾은 땅.
**최영** 고려 말의 장수. 위화도에서 돌아온 이성계에 맞서 싸우다가 잡혀 죽임을 당함.

**1** 고려 말의 상황으로 알맞은 말에 ◯ 하세요.

- 원나라가 점차 ( **쇠퇴하고 있었어요** / **세력을 키우고 있었어요** ).
- 명나라가 점차 ( **쇠퇴하고 있었어요** / **세력을 키우고 있었어요** ).

**2** 철령 이북 땅을 내놓으라는 명나라의 요구에 각각 어떤 주장을 했는지 써 보세요.

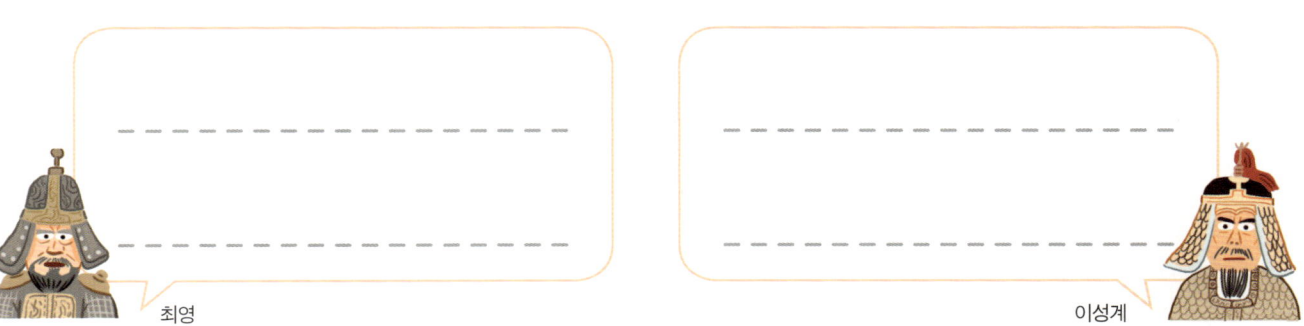

최영　　　　　　　　　　　　　　　　　　　이성계

**3** 이성계가 개경으로 돌아갈 것을 요청하는 상소문을 보낸 이유는 무엇인지 써 보세요.

**4** 글을 읽고, 무엇에 대한 설명인지 쓰세요.

이성계가 왕의 명령을 어기고 위화도에서
군대를 돌려 권력을 잡은 사건

| | | | | |
|---|---|---|---|---|

**5** 이성계가 위화도에서 개경으로 돌아온 뒤 일어난 일로 맞으면 ◯, 틀리면 ✕ 하세요.

① 왕의 명령을 어긴 이성계는 죽임을 당했어요. -------------------- ( 　 )
② 이성계가 개경에 있던 최영의 군대를 물리쳤어요. -------------------- ( 　 )
③ 군사들이 반란을 일으켜 이성계를 내쫓았어요. -------------------- ( 　 )
④ 이성계가 우왕을 내쫓고, 권력을 잡았어요. -------------------- ( 　 )

 역사포인트　명나라의 요동 땅을 공격하러 가던 이성계가 위화도에서
군대를 돌려 우왕을 내쫓고 권력을 잡았어요.

# 토지 제도를 개혁하다

권력을 잡은 이성계는 신진 사대부와 함께 고려 사회를 개혁하고자 했어요.

신진 사대부는 공민왕 때 원나라를 멀리하고 명나라와 가깝게 지낼 것을 주장하며 개혁을 이끌던 사람들이에요. 이들은 중국의 성리학을 적극적으로 받아들이고 공부했어요. 주로 지방 출신으로, 과거를 통해 관리가 되었지요. 신진 사대부들은 높은 관직에 앉아 나라의 땅을 독차지하고 있던 권문세족을 몰아내야 고려가 바로 선다고 생각했어요.

이성계와 신진 사대부는 우선 토지 제도부터 개혁했어요. 당시 권문세족과 절들은 많은 땅을 차지하고, 농민들에게 마구 세금을 거두었어요. 나라에서는 세금을 거둘 땅이 부족했지요. 이러다 보니 농민들의 생활은 물론 나라의 살림이 매우 어려웠어요.

"권문세족과 절이 가지고 있던 땅을 모두 나라에 내놓으시오. 앞으로는 나라에서 땅을 관리하겠소."

1391년, 새로운 토지 제도인 과전법이 실시되었어요. 이때 권문세족이 가지고 있던 땅문서를 모아 불태웠는데, 그 양이 얼마나 많았던지 며칠 동안 불이 꺼지지 않았다고 해요.

과전법의 실시로 권문세족은 땅을 빼앗겨 힘이 크게 약해졌어요. 반대로 세금을 거둘 수 있는 나라의 땅을 차지하게 된 이성계와 신진 사대부는 권력뿐만 아니라 경제력까지 얻을 수 있게 되었어요. 농민들은 세금이 줄어들어 생활이 안정되었어요.

**성리학** 중국 송나라 때 완성한 유학의 학파. 도덕과 바른 정치를 강조함.
**땅문서** 땅을 가진 사람이 누구인지 증명하는 문서.

**1** 글을 읽으면서 빈칸에 들어갈 알맞은 말을 쓰세요.

이성계는 [              ] 와 함께 고려 사회를 개혁했어요.

**2** 신진 사대부에 대한 설명으로 옳지 <u>않은</u> 것을 고르세요. (          )

① 원나라를 멀리하고 명나라와 가깝게 지낼 것을 주장했어요.
② 중국의 성리학을 적극적으로 받아들이고 공부했어요.
③ 높은 관직에 앉아 나라의 땅을 모두 차지했어요.
④ 주로 지방 출신으로, 과거를 통해 관리가 되었어요.

**3** 이성계와 신진 사대부가 토지 제도를 개혁하려고 한 이유는 무엇인지 써 보세요.

- - - - - - - - - - - - - - - - - - - - - - - - - - - - - - - - - - - - - - -

**4** 글을 읽으면서 빈칸에 들어갈 알맞은 말을 보기 에서 찾아 쓰세요.

**보기**
신진 사대부
권문세족
대동법
과전법

[              ] 과 절이 가지고 있던 땅을 모두 **빼앗았어요**.

그리고 새로운 토지 제도인 [              ] 을 실시했어요.

**5** 과전법의 실시로 어떤 변화가 있었는지 두 가지 써 보세요.

- - - - - - - - - - - - - - - - - - - - - - - - - - - - - - - - - - - - - - -

**역사 포인트** 이성계와 신진 사대부는 과전법을 실시해 권문세족의 힘을 누르고, 경제력까지 얻었어요.

# 세계 최초로 발명한 금속 활자

고려 사람들은 세계 최초로 금속 활자를 발명해 책을 인쇄했어요. 금속에 하나하나 글자를 새긴 여러 개의 활자를 만든 다음, 책의 내용에 맞게 활자를 골라 판에 늘어놓고 인쇄하는 방식이에요. 금속 활자 인쇄는 한 종류의 책만 인쇄할 수 있었던 목판 인쇄보다 여러 종류의 책을 쉽고 빠르게 인쇄할 수 있었어요. 또 금속 활자는 목판보다 오래 보관할 수 있었지요.

오늘날 세계에서 가장 오래된 금속 활자본은 고려 시대 때 만들어진 『직지심체요절』이에요. 이 금속 활자본은 독일의 구텐베르크가 금속 활자로 인쇄한 『성경』보다 70여 년이나 앞선 것이지요.

고려의 금속 활자

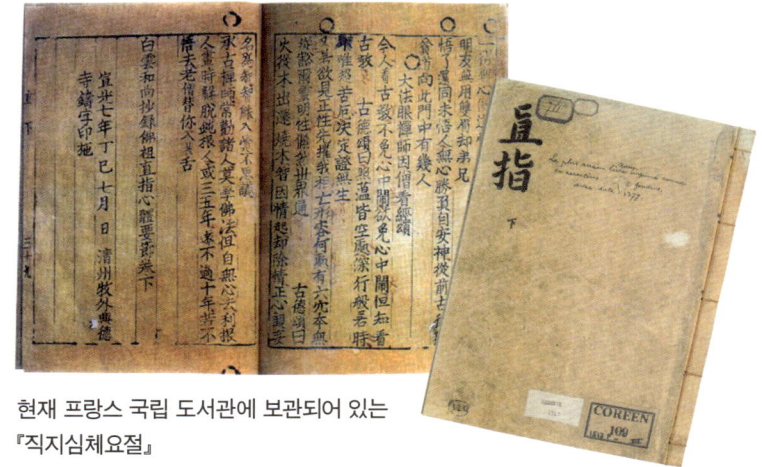

현재 프랑스 국립 도서관에 보관되어 있는 『직지심체요절』

『직지심체요절』은 어떻게 만들었을까?

구리, 주석, 납을 섞어 녹인 쇳물을 미리 만들어 놓은 글자 틀에 부어 금속 활자를 만들어요.

쇳물이 식으면 만들어진 금속 활자를 떼어 다듬어요.

인쇄할 내용에 맞춰, 미리 만들어 놓은 금속 활자를 판에 늘어놓아요.

활자 면에 먹물을 칠하고, 그 위에 한지를 놓고 인쇄해요.

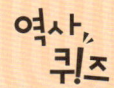

# 금속 활자 찍기

각각의 금속 활자를 찍으면 무슨 글자가 나올지 한 글자씩 써 보세요.

## 한눈에 보는 역사 마인드맵

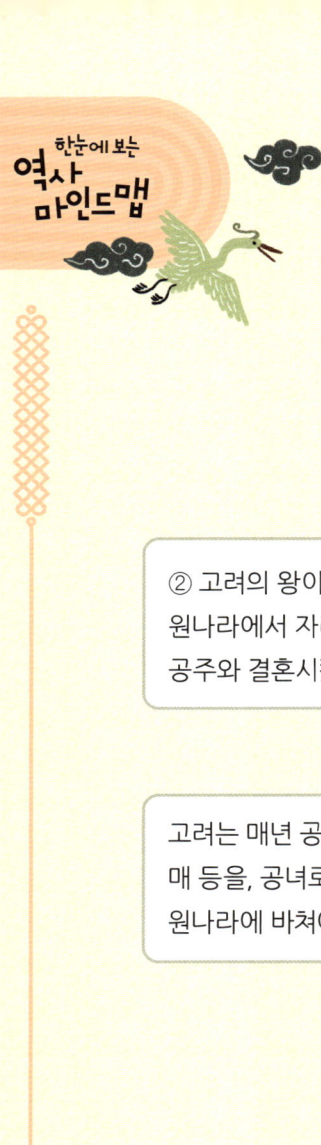

괄호에 들어갈 알맞은 말을 **보기** 에서 찾아 쓰면서 '원나라의 간섭'과 '고려 말의 상황'에 대해 정리해 보세요.

### 원나라의 간섭

- 서경 지역에 동녕부, 화주 지역에 쌍성총관부, 제주도에 탐라총관부를 두었다.
- ① 일본 원정을 위해 설치한 (　　　　)에 필요한 물건과 배, 군사까지 고려에서 대도록 했다.
- ② 고려의 왕이 될 (　　　　)를 원나라에서 자라게 하고, 원나라 공주와 결혼시켰다.
- 고려는 매년 공물로 금, 인삼, 매 등을, 공녀로 고려 처녀들을 원나라에 바쳐야 했다.
- 몽골풍 유행
  - 고려에서 유행하는 몽골의 풍습이다.
    - ③ (　　　　)와 설렁탕, 고기만두 등은 이때 원나라에서 전해진 것이다.
    - 고려 사람들이 몽골식 머리 모양인 변발을 하고, 추위를 막아 주는 몽골 털모자와 몽골 옷인 호복을 입었다.
- 문익점
  - ④ 원나라에서 고려로 돌아올 때 (　　　　)를 몰래 가지고 왔다.
    - 고려 사람들이 목화솜을 넣은 이불과 옷으로 겨울을 따듯하게 보낼 수 있게 되었다.
- 최무선
  - ⑤ 처음으로 (　　　　)을 만들어, 1380년에 진포에서 왜구를 크게 물리쳤다.

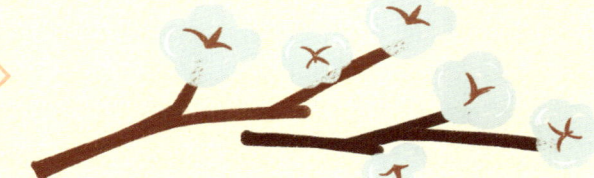

몽골식 머리 모양과 옷차림을 금지했다.

마음껏 권력을 휘두르던 권문세족 기철 등을 없앴다.

⑥ 정동행성을 없애고, ( )를 공격해 원나라에게 빼앗겼던 땅을 되찾았다.

원나라의 간섭을 벗어나고자 개혁 정책을 실시했다.

⑦ ( )을 설치해 강제로 땅을 빼앗기거나 노비가 된 백성들을 구해 주었다.

**공민왕**

원나라가 점차 쇠퇴하고, 명나라가 세력을 키우고 있었다.

⑧ 중국의 ( )을 적극적으로 받아들이고 공부했다.

공민왕 때 원나라를 멀리하고 명나라와 가깝게 지낼 것을 주장하며 개혁을 이끌었다.

**명나라**

**신진 사대부**

⑨ 주로 지방 출신으로 ( )를 통해 관리가 되었다.

**위화도 회군**

**고려 말의 상황**

**과전법 실시**

명나라의 요동을 공격하기 위해 위화도로 갔던 이성계가 왕의 명령을 어기고 개경으로 되돌아왔다.

⑩ ( )가 우왕을 내쫓고 권력을 잡았다.

이성계와 신진 사대부가 권문세족과 절이 가지고 있던 땅을 빼앗고 새로운 토지 제도인 과전법을 실시했다.

**보기** 쌍성총관부 정동행성 목화씨 족두리 화약 과거 성리학 태자 전민변정도감 이성계

# 마인드맵으로 정리하는

# 한국사 독해 ②

# 정답

kids' SCHOLE

정답

## 1 9쪽

1. ④   2. 백성 / 귀족   3. 봉기 / ①, ③   4. 백성들은 노비가 되거나 세금을 피해 도망가 도적이 되었어요. 봉기해 관아를 습격했어요.   5. 성주, 장군이라 불리며 자신의 뜻대로 지방을 다스리는 사람들로, 넓은 땅과 많은 재산을 가졌고 군사까지 거느렸어요.

## 2 11쪽

1. 힘이 세고 매우 용맹스러웠어요.   2. ④   3. 신라 / 신라 / 백제   4. ④   5. 옛 백제를 잇겠다는 뜻이에요.

## 3 13쪽

1. ③   2. 귀족들의 횡포로 어려움에 처한 백성들을 구하기 위해서였어요.   3. 신라군과 싸울 때마다 큰 승리를 거두어 굶주린 백성들은 궁예가 새로운 세상을 열어 줄 것이라고 믿었어요.   4. 송악, 철원   5. 마진, 태봉

## 4 15쪽

1. 송악, 호족   2. 왕건 / 궁예   3. 왕건에게 궁예 왕을 몰아내고 새로운 왕이 되어 줄 것을 부탁하기 위해서였어요.   4. 옛 고구려를 잇는다는 뜻이에요.   5. ②

## 5 17쪽

1. ① ×, ② ○   2. 공산 / 고창 / 일리천   3. 신라 경순왕이 스스로 왕건을 찾아와 고려에 항복했어요.   4. 왕건은 견훤을: 받아들이고, 후하게 대접했어요. / 왕건은 경순왕에게: 높은 벼슬과 땅을 주고 예의를 갖추었어요.
5. 3, 1, 2, 4

## 역사 퀴즈 19쪽

## 역사 마인드맵 20~21쪽

① 봉기 ② 호족 ③ 완산주 ④ 송악 ⑤ 고려
⑥ 후삼국 ⑦ 고구려 ⑧ 경순왕

## 6 25쪽

1. ④   2. 힘센 호족들을 자기편으로 만들기 위해서였어요.   3. 사돈 관계, 자기편   4. ②   5. 개경 / 기인

## 7 27쪽

1. 훈요십조   2. ②, ④   3. ① 서경을 발판 삼아 북쪽의 옛 고구려 땅을 되찾는 북진 정책을 계속 이어 가기를 바랐어요. ② 고려가 불교의 힘으로 나라를 세웠으니 앞으로도 불교를 중요하게 여기고, 불교로 백성들을 잘 다스리길 바랐어요.   4. ③

## 8 29쪽

1. 광종   2. 과거로 새로운 관리들을 뽑아 그동안 관직을 차지했던 호족 세력을 누르고, 왕의 힘을 키우기 위해서였어요.   3. ③   4. 특정한 골품의 신분으로 태어나야만 / 가문이 좋지 않더라도 과거에 급제하면 관리가 될 수 있었어요.   5. 음서

## 9 31쪽

1. 시무 28조   2. 유교 / 관리   3. 나라에 충성하고 부모에게 효도한다.   4. 국자감 / 12목   5. 중앙에서 보낸 관리가 지방을 다스려 왕의 뜻이 지방까지 잘 전달되었고, 호족 세력을 누를 수 있게 되었어요.

## 역사퀴즈 33쪽

## 한눈에 보는 역사 마인드맵 34~35쪽

① 결혼  ② 기인  ③ 훈요십조  ④ 쌍기
⑤ 시무 28조  ⑥ 국자감  ⑦ 12목

## 10  39쪽

1. 사신, 송나라  **2.** 고려가 북진 정책을 추진하면서 자주 부딪쳤고, 거란이 발해를 멸망시켰기 때문에 사이가 좋지 않았어요.  **3.** ④  **4.** 평화롭게 지냈어요 / 전쟁을 했어요  **5.** 2, 1, 3, 4

## 11  41쪽

1. 벽란도  **2.** ③  **3.** 나전 칠기, 화문석, 인삼, 종이, 먹, 금  **4.** 수은, 향료 / 금, 은, 비단  **5.** 고려에 온 아라비아 상인들이 고려를 코리아라고 불렀는데, 이들에 의해 외국에 코리아가 알려졌어요.

## 12  43쪽

1. 외국과 무역이 활발해지고, 상업과 수공업이 발달해 물건을 사고팔 일이 많아졌기 때문이에요.  **2.** 건, 원, 중, 보 / 건원중보  **3.** ②, ④  **4.** 해동통보, 해동중보, 삼한통보, 동국통보  **5.** 은병

## 13  45쪽

1. ②  **2.** 고려는 고구려의 후손이다. 거란이 차지하고 있는 옛 고구려 땅을 당장 돌려줘라!  **3.** 거란으로 가는 길인 압록강 유역을 여진이 차지하고 있었기 때문이에요.  **4.** 송나라, 거란  **5.** 강동 6주

## 14  47쪽

1. 강동 6주  **2.** ③  **3.** 먹고 마시지 못해 배고프고 지쳐서 싸울 수 없게 하려고 했어요.  **4.** 강감찬이 귀주에서 후퇴하는 거란군을 공격해 크게 이긴 전투예요.  **5.** 흥화진, 귀주

## 역사퀴즈  49쪽

역사퀴즈

길을 찾아라!

상감 청자를 만드는 과정에 맞게 순서대로 길을 찾아가세요.

1차 그릇 빚기

틀에 찍어 내기

흰 흙 바르기

2차 무늬 파기

붉은 흙 바르고 긁어내기

음악 바르고 굽기

완성!

49

## 역사마인드맵  50~51쪽

① 사신  ② 서희, 강동 6주  ③ 강감찬  ④ 벽란도
⑤ 코리아  ⑥ 건원중보  ⑦ 주전도감

## 15  55쪽

**1.** 불교가 왕실의 보호와 지원을 받았기 때문이에요.
**2.** 나라 곳곳에 절을 세우고 불상과 탑을 만들었어요. 나라의 중요한 일은 국사를 맡은 승려와 의논했어요. 과거 시험에 승려들이 보는 승과가 있었고, 왕자나 귀족의 자녀가 승려가 되기도 했어요. **3.** 연등회 / 팔관회 **4.** 승과 / 승려 **5.** ④

## 16  57쪽

**1.** ④ **2.** 불교에 대해 더 깊이 배우고 싶어요. **3.** 승려들과 함께 수천 권의 불교 서적을 연구하고, 수많은 불교 경전을 종합한 『교장』을 펴냈어요. 교종과 선종을 아우르는 천태종을 만들었어요. **4.** 불교계를 하나로 통합하기 위해서예요. **5.** 대각 국사

## 17  59쪽

**1.** 별무반 **2.** 동북, 아홉 개 **3.** 여진이 돌려 달라며 계속 공격해 왔고, 고려는 계속된 침입을 막아 내기 어려웠기 때문이에요. **4.** 4, 3, 2, 1 **5.** 부모, 신하

## 18  61쪽

**1.** 고려를 세우는 데 큰 역할을 한 호족이 세력을 키워 문벌 귀족이 됐어요. **2.** 음서 / 공음전 **3.** 비단옷, 청자 **4.** 백성들은 문벌 귀족이 사용할 물건을 계속 만들어야 했고, 세금을 더 내야 했기 때문에요. **5.** ②

## 19  63쪽

**1.** 문벌 귀족 / 인종 **2.** 이자겸이 금나라에 사신을 보내 신하의 나라가 되겠다고 했어요. 인종은 이자겸을 이대로 두었다가는 고려가 망할 것이라고 생각해 이자겸을 몰아내기로 했어요. **3.** ①, ③, ④ **4.** 척준경 **5.** 이자겸을: 전라도 영광으로 귀양 보냈어요. / 이자겸의 두 딸을: 왕비 자리에서 쫓아냈어요.

## 20  65쪽

**1.** 풍수지리, 승려 **2.** 개경, 서경 **3.** 찬성: 서경, 서경에 가서 새로운 정치를 하자. / 반대: 개경, 모든 재산과 권력이 있는 개경을 떠날 수 없다. **4.** 난 **5.** ③

## 역사 퀴즈  67쪽

초성 퀴즈를 풀어라!

글을 읽고, 무엇인지 초성을 참고해 알맞은 답을 쓰세요.

오늘날 남아 있는 가장 오래된 역사책은?
ㅅ ㄱ ㅅ ㄱ → **삼국사기**

인종의 명으로 역사책을 쓴 사람은?
ㄱ ㅂ ㅅ → **김부식**

백성들의 생활 모습을 이해하는 데 중요한 역사책은?
ㅅ ㄱ ㅇ ㅅ → **삼국유사**

『삼국유사』에만 있는 이야기는?
ㄷ ㄱ ㅅ ㅎ → **단군 신화**

67

## 한눈에 보는 역사 마인드맵  68~69쪽

① 팔관회 ② 승과 ③ 천태종 ④ 경제 ⑤ 별무반
⑥ 서경 ⑦ 공음전 ⑧ 음서

## 21 73쪽

1. ④  2. 수박희, 한뢰, 이소응  3. 정중부, 이의방, 이고
4. 4, 2, 3, 1  5. 무신들이 약 100년 동안 권력을 잡고 고려를 다스렸어요.

## 22 75쪽

1. 힘들어졌어요, 빼앗고, 거두었어요  2. 소  3. ②
4. 신분 차별에서 벗어나고자 반란을 계획했어요.  5. 신분 차별, 수탈

## 23 77쪽

1. 몽골은 칭기즈 칸이 여러 몽골 부족을 통일하고 세운 나라예요.  2. 수도를 강화도에서 개경으로 옮기라고 요구했어요.  3. 처인성, 김윤후  4. 태자, 개경  5. 많은 문화재를 잃었어요. 많은 백성이 몽골로 끌려가거나 목숨을 잃었어요.

## 24 79쪽

1. 최우  2. 고종, 문신들  3. 섬 주변이 갯벌이어서 말을 탄 몽골군이 쳐들어오기 어려웠어요. 개경과 가까워 육지의 상황을 쉽게 파악할 수 있었어요. 바닷길로 오가며 전국의 세금을 거두기 좋았어요.  4. 궁궐, 시장  5. ①, ③

## 25 81쪽

1. 원종-몽골의 요구대로 강화도에서 개경으로 돌아가야 전쟁을 끝낼 수 있어. / 무신들-개경으로 돌아가면 몽골이 나랏일에 간섭하게 되어서 우리 무신들의 힘이 약해질 거야.  2. 삼별초  3. ③  4. 몽골에 끝까지 저항한 고려 사람들의 굳은 의지를 보여 주었어요.  5. 임유무 / 배중손

## 역사퀴즈 83쪽

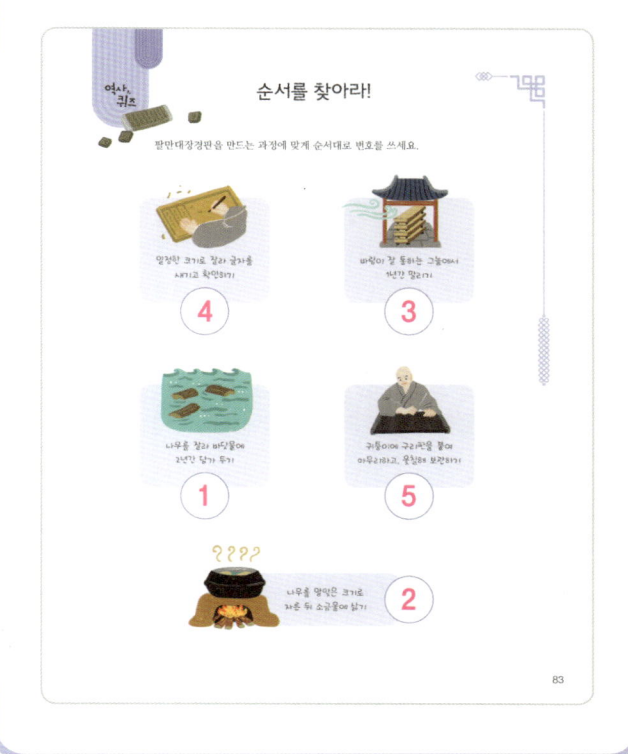

## 역사 마인드맵 84~85쪽

① 무신 정변  ② 명학소  ③ 노비  ④ 강화도  ⑤ 배중손
⑥ 진도  ⑦ 개경

## 26 89쪽

1. 원나라  2. ① ○, ② ○, ③ ✕  3. 원나라 황제에게 충성하겠다는 의미예요.  4. ④ / ②  5. 공물: 금, 인삼, 매 등을 바치는 것이에요. / 공녀: 고려 처녀들을 바치는 것이에요.

## 27 91쪽

1. ④  2. 변발  3. 마마 / 수라 / 무수리  4. 몽골풍: 고려에서 유행했던 몽골의 풍습이에요. / 고려양: 원나라에서 유행했던 고려의 풍습이에요.  5. ①, ②, ④

## 28 93쪽

1. 황제 자리를 두고 귀족들이 서로 다투었고, 홍건적이 여기저기서 난을 일으켰어요.  2. ①, ③  3. 신돈
4. 전, 민, 변, 정, 도, 감 / 전민변정도감  5. 실패했어요

## 29 95쪽

1. ①  2. 문익점  3. 실 뽑는 방법을 몰랐어요.  4. 무명, 삼베  5. 무명으로 만든 옷을 입게 되었어요. 목화솜을 넣은 이불과 옷으로 겨울을 따듯하게 보냈어요.

## 30 97쪽

1. 죄 없는 백성들을 마구 죽이고 곡식과 물건을 빼앗아 가는 왜구의 배를 부수기 위해서였어요.  2. 그 당시 화약 만드는 기술은 원나라만 알고 있었기 때문이에요.
3. 1, 3, 4, 2  4. 화통도감  5. 진포

## 31 99쪽

1. 쇠퇴하고 있었어요 / 세력을 키우고 있었어요  2. 최영: 명나라와 싸워야 한다. / 이성계: 명나라와 사이좋게 지내야 한다.  3. 장마로 물이 불어나 강을 건너기 어려웠기 때문이에요.  4. 위화도 회군  5. ① ✕, ② ○, ③ ✕, ④ ○

## 32 101쪽

1. 신진 사대부  2. ③  3. 농민들의 생활은 물론 나라의 살림이 매우 어려웠기 때문이에요.  4. 권문세족, 과전법
5. 권문세족의 힘이 약해졌어요. 신진 사대부는 경제력을 얻을 수 있게 되었어요. 농민들은 세금이 줄어들어 생활이 안정되었어요.

## 역사 퀴즈 103쪽

역사 퀴즈

### 금속 활자 찍기

각각의 금속 활자를 찍으면 무슨 글자가 나올지 한 글자씩 써 보세요.

세 계 에 서

가 장 오 래 된

금 속 활 자 본

직 지 심 체 요 절

99

## 한눈에 보는 역사 마인드맵 104~105쪽

① 정동행성  ② 태자  ③ 족두리  ④ 목화씨  ⑤ 화약
⑥ 쌍성총관부  ⑦ 전민변정도감  ⑧ 성리학  ⑨ 과거
⑩ 이성계